PRATICA JONICA

Mauro Savino

A mio padre

Mauro Savino

I

PDG

Stanco di Paganini e vecchi merletti, si offrì alla Catodica, che allora furoreggiava come monopolista dell'imbroglio epocale commissionato dall'Emittenza Grigia. Furoreggiava al tribunale, la Catodica.

Lo fece così, senza pensarci.

La televisione era diventata da tempo un impiastro di colori sgargianti dentro e fuori dagli studi sforna-zombi che accoglievano l'umanità scoppiata del terzo millennio. Il mondo era diventato un imbroglio senza categorie né riferimenti, un'ode all'attimo senza interesse per la complessità. Una mascherata infinita fioriva nelle tenebre della pazienza critica, improvvisando sulla tomba di Miles Davis come se il senso del ritmo non fosse mai esistito. E fiorivano auto gigantesche intorno ai tribunali. Tra le tante infiorescenze psichedeliche che si espandevano come una cellula cancerosa nel tessuto molle di una società spaventata a morte, confusa, chiacchierona, dedita all'informazione dell'ora di pranzo, alla *fiction* che, come genere, aveva colonizzato le salumerie dell'intrattenimento e tutte le letterature.

Si videro così comparire simposiasti del nuovo millennio pieni di sole e di incolumità. Non erano loro. L'Emittenza Grigia li aveva creati, il mondo li aveva creati, giovinezze lustrate e scorticate li avevano creati. Nessun viale lungo, nessun albero immenso sul loro cammino. Niente li aveva creati se non le gozzoviglie domenicali degli impiegati comunali e delle segretarie che si anestetizzavano a buon mercato tra presentatori strilloni e frotte di veneri al pistacchio. C'erano inchieste giudiziarie sul mondo televisivo e sul mondo televisivo dietro al mondo televisivo. C'era un'atmosfera fiamminga in cui qualcuno mangiava, altri si coricavano, altri ridevano, altri compravano carne, tanta carne, tutta la carne. Schifano e Pasolini erano morti, morti da tempo, infinitamente morti.

Per tutto il tempo non s'era curato di molto altro che della classica e di Eraclito. L'idea di fare pratica da avvocato gliela diede Gargantua, postino bestemmiatore.

1

"Mi hanno rubato il mestiere! Mi hanno rubato il mestiere! Questi postini della carne cruda!"

"Non temere!, gli disse, resteremo fedeli al partito! Non gli permetteremo di averla vinta."

"Fatti avvocato, ci sarà da mangiare."

"Mi faccio, mi faccio". Mangiare nella poltiglia significava mangiarsi, e all'epoca sentiva forte il richiamo verso un'autodistruzione a buon mercato, non avendo voglia di impegnarsi neanche a finirsi. E ruminare cause in clima catodico poteva portare all'accumulo organizzato di materiale usurante che lo avrebbe condotto sull'orlo del baratro. Erano solo impressioni del momento. Lanciate a casaccio come pietre nel mare.

Lo fece così, senza pensarci.

Il mangiare, comunque, sarebbe finito presto, come ogni mangiare, ma all'epoca questo non lo sapeva, così decise di darsi alla pratica legale in attesa del chissacché.

In tribunale serpeggiavano le radiazioni di fondo del consorzio sociale e quando il consorzio esplodeva, in tribunale arrivavano le schegge impazzite che infilzavano il ruolo generale con facezie da postribolo, denaro soffiato e vecchi tromboni. Il tribunale allo specchio rifletteva la vecchia umanità nuova e frequentarlo equivaleva a diventarla o a lasciarsi condurre da essa sapendo di farlo per morirsi.

Del resto, al supermercato, ai supermercati, della frutta, della verdura, delle auto, del denaro e del sesso cieco, essere poveri, essere ricchi, essere sobri, essere gaudenti, non portava che alla stessa inconcludenza, alla stesso insensato giro di vite dell'esistenza ciarlona e ridanciana, dove tutto è ricatto, riscatto, ricotta e così via. Dunque, tanto valeva.

Tanto valeva il Maelstrom: tutto il fantasmagorico, tutto l'intelletto, tutta la carne erano avvinghiati in un mostruoso gorgo dove finivano per sfracellarsi giovinezze, speranze, *regulae*, arti dialettiche e s. Giovanni pontificava dall'albero maestro della folle nave scoppiata che aveva sbranato il secolo, ucciso Dio, sotterrato gli dei e che ora, nella miseria dorata, divorava i rimasugli del capitale. Si trattava di scegliere un vuoto impazzimento di carnevale. Era tutto qui. Gran Coriandolo era il sovrano indiscusso di questo mondo in pezzi. Il tribunale era la *qellippoth* contemporanea, senza speranza di riparazione. Qualcuno, è vero, credeva ancora che valesse la pena di esercitare la professione, ne incontrò qualcuno,

2

ma erano note stonate, che un dio minore si concedeva nella melodia complessa e volgare del mondo finito.

E la Catodica stava facendo sfavillare una fisica dei costumi che rimaneva divertente finché non se ne scrostava il rivestimento, operazione che ovviamente ci si guardava bene dal compiere. Inoltre, c'era il vantaggio, assai apprezzato, di indossare le vesti da rompognatori che tanto ammaliavano i censori, veri o presunti, in cerca di riconoscimento.

S'era infatti costituita ai tempi una nuova compagnia di catoni annoiati che volevano, ma parecchio, buttarla sullo scandalo e deputarono a luogo frenetico del *divertissement* l'andirivieni tribunalizio. Erano avvocati, giudici, giudici, avvocati, cronisti. Qualche usciere.

Se la prendevano con la fattoria degli animali che in quel periodo era ospitata dal tribunale, dalle sue scale e dai suoi ascensori che portavano ai piani alti personaggi luciferini che gestivano agenzie dell'intrattenimento e della bellezza prezzata e donne strafatte strarifatte strafottute. I magistrati chiedevano se il tubo catodico, all'epoca ancora vivo, generasse, come si diceva, giri di denaro sporco per soddisfare sesso e naso del potere. C'era chi rispondeva, chi no, chi rideva, chi no, chi mentiva, chi no, chi aveva un figlio, chi no, chi era oggetto di un complotto, chi no, chi era giovane, chi no, chi lavorava per mangiare, chi no, chi credeva nei viaggi astrali, chi no, chi voleva vivere, chi no, chi c'era, chi no, chi era solo, chi no, chi andava in chiesa, chi no, chi sapeva che, alla peggio, si sarebbe fatto giusto un po' di galera, chi no, chi volava, chi voleva e via così all'infinito. Era una commedia umana postprandiale senza infamia e senza lode, che non accontentava nessuno, ma intratteneva tutti. Del resto, c'era Maelstrom per tutti.

Nello stesso tempo c'era chi solitudineggiava disincantato e imprestato al diritto e allo storto.

Tra i passeggiatori pensierosi che se ne andavano per gli atrii del tribunale c'era Boscuccello, il giudice Boscuccello.

E venne Boscuccello. "Tutto è rappresentazione, andava rimuginando, sofferente, risentita". Nel naso un odore di colla. Aveva inclinazioni filosofiche e antropocentriche, più che altro però era solo un uomo tra miliardi di uomini senza destinazione di sé. Sui quarant'anni aveva capito che non si scampa alla vita con la magistratura ed ora, cinquantenne, stanco e picchiato da anni di carte e faccende umane, troppo umane, se ne stava accigliato

dandosi qualche altra manciata d'anni prima di chiudere. La morte era una monetina in tasca. E tutto quel recente avanspettacolo nelle procure, con i magistrati che interrogavano lolite d'elio e faccendieri che riscaldavano il loro marciume fisico al fuoco di gioie ormai destinate a gente con la pelle più liscia, non lo disgustava più di una barchetta di carta nel fango. Si era votato all'oblio, definitivo e perenne. Gli piaceva passeggiare per l'atrio del tribunale perché i grandi plessi che lo separavano dal mondo si bagnavano di pioggia o si coprivano di sole e il suo volto si riempiva di ricordi. I ricordi però non erano veri e propri ricordi, erano più retaggi di spiagge joniche, pitagoriche. Boscuccello aveva passato l'infanzia sulla costa jonica ed ora un profumo antico di mare e spiagge deserte lo attraversava come un flusso nei giorni del suo vagare tribunalizio da magistrato, non sapeva più se per forza o per amore.

Ma non era un Warhol quello che trascorreva le mattine migliori nella sua stanza al Quinto Piano, guardando dalla finestra immemore, modiglianesco, stanco, sciupato da nostalgie portuali, perennemente inattuale. Lo avevano mandato in un tribunale di provincia, lui che per farsi magistrato aveva dovuto rinunciare a Pascal e iniettarsi una volontà giurisdicente fatta di baconi, di voltaire, di leibniz. Un espediente ridicolo che non aveva mai funzionato. Ma ormai era lì, in Russia, lontano dalla giovinezza e con la Catodica che voleva sangue fresco e festaiolo. Persino i contadini reclamavano scandali e volevano essere visti, issati su trattori gialli e rossi davanti al PDG, il Palazzo di Giustizia. E poi c'erano le massaie, imprestate a tutto l'intrattenimento tutto, che avevano capito che il loro momento era giunto: volevano una *chance*, volevano essere viste. Finire in un'aula di giustizia faceva parte del gioco. In quel tempo di faciloneria andava bene tutto. Se c'era posto per questo e quello c'era posto per tutti. Questo era il vangelo. La Catodica aveva risvegliato quella sensazione teurgica che negli incolti si chiama possibilità.

I pastori volevano pascolare, le massaie ammassare. Così, vestiti a festa, andavano davanti al tribunale a veder passare gli opliti della Catodica, a recitare personalissimi salmi salati con la critica feroce di chi sa che la classe operaia non va in paradiso ma qualche puttana-a-venire in televisione ci finisce.

Boscuccello non poté che adeguarsi, un po' per l'inevitabilità della cosa, un po' perché la Catodica interpretava i fatti

alla buona, a tutto vantaggio del *divertissement* e dei suoi seguaci ridanciani e sempre impazienti.

In tutto il PDG furono affissi manifesti interventistici: "*Weltinnenraum.* Tutti dentro!"

Qualcuno, il solito infiltrato sfaccendato aveva fatto stampare queste locandine da casa del popolo e furtivamente le aveva appese alle porte delle *toilettes* per signora, su quelle dei giudici di pace e accanto al foglietto delle udienze giornaliere nell'aula penale.

Le massaie in particolar modo erano entusiaste: finalmente potevano cambiare serra. Il passaggio dalla cucina alla Catodica poteva ben essere veicolato dalla psichedelia tribunalizia, che imponeva però, per sovrapprezzo, il cambio di nome del PDG in Palazzo di Cristallo, per far rinascere un clima da Esposizione universale. Ma alla fine non se ne fece niente. Anche perché, naturalmente, l'esposizione era già nei fatti.

C'era chi faceva dell'opposizione.

Un gruppo di spartachisti quarantenni sputava grintosamente sui plessi del Piano Terra e frotte di casalinghe rifatte si fecero interrogare per certe storie legate al *new deal* che andava a tutto lustrino - ovviamente non erano state invitate alla cena del Signore.

Entrambi i gruppi di dissidenti rimasero inascoltati. Non era tempo di opporsi. Bisognava salire sul treno. Il tribunale era il treno. Non era un caso. Il PDG era il cortile restaurato di Boccaccio, gli avvocati erano faccendieri scampati alla peste delle otto ore sottosalariate, chi con zelo, chi facendosi scrivere gli atti da qualcun altro; i praticanti erano procacciatori d'affari perlopiù incolti, che accozzavano due o tre frasi fatte da formulario e si presentavano davanti al giudice con la faccia sudata e il cuore di gesso.

Era un carnevale senza maschera che allegreggiava tra insurrezionalisti, neoscettici, canaglie e sogni di uomini ridicoli.

Ce n'era abbastanza per rinunciare e tornarsene a casa a spararsi in testa, ma Boscuccello aveva imparato la grazia della dimenticanza e lasciò che fosse.

Intanto lui, senza saper che far di sé, anche perché si era sempre posto tutta la vita fuori dalle scelte, trovò che il tribunale e l'immersione nella Catodica poteva assicurargli la levità dell'oblio,

dimensione esiziale che sola si era concesso per uscire da sé e da tutto.

Una mattina si guardò nel vetro che incorniciava la sua laurea in legge e si sentì sfinito. Troppi anni per laurearsi, poca vita, nessuna propensione per le cose pratiche e tanta voglia di non essere mai nato. Ma uccidersi non sapeva e tra sé e il mondo aveva posto ormai da troppo tempo, da tutto il tempo, un vuoto immane. Tutto accoglieva e tutto restituiva, il vuoto. Non era triste né depresso, lo avrebbe tanto voluto. Era semplicemente lì, jonico anche lui, della stirpe degli 'incantati', quelli che guardano il mare senza guardare il mare e che sono perennemente visitati dall'onda, senza gioia né tristezza e col volto bagnato da lacrime inspiegabili. Ecco che il tribunale era un'altra onda senza significato, un oblio cieco in cui lui avrebbe fatto la sua comparsa come un viandante senza emozioni e senza aspettative. Era un luogo come un altro, aveva in più solo quell'aura di solennità che gli serviva per concepirsi come granello, come sonno perpetuo.

Intanto si inventò un po' di euforia e uscì. Lo fece così, senza pensarci. A che serviva pensare, perché avrebbe dovuto pensare? Non era forse questo il secolo del depensamento e della sciatteria intellettuale? Non era forse lecito gridare, strillare, non era poi forse tutta la letteratura nient'altro che uno strillo? E non era forse egli stesso una letteratura?

Così uscì di casa e gridò:

"Vado a farmi praticante, vado al PDG, vado a prender firme, vado a diventare avvocato, vado a farmi ammazzare, finalmente a non interessarmi di nulla così sarò sempre più eroso, sempre più eroso, vado vado vado!"

Cucine cucine.

Cominciò così.

II

Il mutismo

Prima di puntare sul Maelstrom gli occhi esterrefatti e vuoti come quelli di uno squalo, aveva passato intere giornate a parlare in latino da solo o con l'interno della sua camera, ai muri, ai quadri, all'orologio, alle statuette giapponesi di guerrieri, che, riteneva, nonostante la reciproca incomprensione, intessevano con lui un dialogo siderale da un altro tempo e da un'infinita distanza.

Ma a un certo punto, la morbida schizofrenia di quelle conversazioni improvvisate lo spinse a cercare un diversivo, poiché si era reso conto che quell'abitudine lo portava, senza che se ne rendesse conto, a continuare quel mormorio da amanuense, in cui frasi insensate si congiungevano a versi e detti di lirici e moralisti latini, nei luoghi meno opportuni, per esempio nei supermercati o mentre faceva la fila alla posta.

Trovò che un ottimo diversivo sarebbe stato quello di soliloquiare proprio in tribunale, il che avrebbe perlomeno sortito l'effetto di non gettarlo inerme in pasto alla moltitudine di quello stato di natura, in cui gli interessi e la frenesia danarosa degli avvocati si dotavano di un orpello legale per sfuggire, il più delle volte, all'accusa di ciarlataneria, un'attitudine che in altri tempi avrebbe potuto renderli pari alle fattucchiere e agli alchimisti, per la loro propensione ad amalgamare avanzi di diritto in una pozione magica in grado di produrre ritorni economici a breve termine o dilazioni sulle cause che a volte si protraevano per lustri e lustri e lustri.

Certo questo suo borbottare poteva generare un certo imbarazzo negli astanti. Ne era consapevole e se ne beava. Per il resto non capiva lo stupore dimostrato nei suoi confronti quando poi, per la più parte, il PDG era un ricettacolo di intercalari e metafore dappoco buttate lì tra un'udienza e l'altra.

Perciò pensò di dedicarsi al mormorio perlopiù in ascensore, dove, per qualche secondo, i presenti sarebbero stati impossibilitati ad evitarlo. Mentre gli avvocati si scambiavano complimenti e indirizzi di ristoranti o prendevano accordi per transigere le controversie alla meno peggio, gli capitava di lanciare

qualche frase e gli avvocati restavano un po' così. Il loro imbarazzo o il loro disappunto non lo preoccupavano, del resto, in fin dei conti, tutto ciò che faceva lo faceva per attentare a se stesso. Parlarsi addosso era un modo per affrontare il Maelstrom con la consapevolezza che tutto sarebbe stato risucchiato in un vortice immenso in cui ogni diritto, ogni morale ed ogni impegno sarebbero stati prima scarnificati e poi distrutti. Sempre più aveva l'impressione che il secolo si stesse preparando a un omicidio globale, in cui le coscienze si sarebbero annullate, le capacità eclissate e tutto l'annichilimento tutto sarebbe piombato sulla società civile e politica, e prima ancora su quella vaga repubblica degli spiriti dotti che qualcuno ancora sperava, perché l'immaterialità dell'intelletto sarebbe svanita con ancor maggiore facilità che non i prodotti della cancrena sociale, che allevava ancora nella malattia spiriti indomiti pronti per l'ultimo saccheggio. Esprimere acrimonia per lo stato delle cose era perfettamente inutile, perché un piano di recupero sarebbe stato talmente difficile e lungo ad attuarsi che prima di vedere qualche risultato, il deserto sarebbe già avanzato così tanto nelle menti che gli ultimi opliti dell'intelletto avrebbero accolto, da moribondi, qualsiasi buona novella. Lui rifiutava la lotta e si parlava addosso. Voleva solo guardare la fine negli occhi. Del resto, dietro la patina dorata del vallettume indagato che circolava nel PDG, era fin troppo facile scorgere una subcultura selvaggia che sgomitava e colpiva dove e come poteva per accaparrarsi gli ultimi scampoli della civiltà dei consumi. Non era un caso che queste cose finissero davanti ai giudici. Non tanto perché si presumeva la commissione di reati, ma perché la diga del diritto era stata ormai sfondata da tempo e la contiguità tra le aule di tribunale e le stanze a luci rosse delle ville degli ultimi veri ricchi era un sintomo che andava oltre le occorrenze penalistiche. Era in atto una commistione più profonda tra una società morta e la comunità politica che pretendeva di arginarla con il diritto. Ma la comunità politica era costituita da membri di quella stessa società e qualche sparuto uomo d'ingegno o di semplice buon senso non poteva certo sostituirsi ai molti cui la democrazia aveva scelleratamente concesso diritto di parola e d'azione. Cosa potevano fare i giudici? Creare il diritto dove non c'era? Ma fino a dove? Potevano i giudici fare da supplenti alla società? Certamente no. Non a lungo di sicuro. Applicavano, interpretavano, ma ricostruire le fondamenta di un palazzo, quello

sociale, ormai fatiscente, non poteva essere compito loro, così andava a finire che mugghiavano, i giudici, e si lasciavano andare ad un nonsocché che spingeva all'inazione, al lavorio sulle cause solo per dovere d'ufficio, in ultima analisi alla preghiera che passassero presto gli anni e che si arrivasse finalmente alla pensione.

Cosa restava da fare se non parlare da soli?

Ecco perché lo stupore degli avvocati lo costernava. Sotto sotto si aspettava una qualche approvazione. Che non poteva però arrivare. Nessuno vuol guardare il Maelstrom.

A parte il mormorio nell'ascensore, spesso si dedicava a questa pratica nel bar del tribunale, aggiungendoci, come variazione sul tema, il simulato commento ai titoli dei giornali, cercando solo di ricordandosi di non tenerli con le pagine alla rovescia. Per giunta con tutti quei praticanti in giro era un modo per evitare qualsivoglia minimo contatto con quei poveracci.

I praticanti, gli altri. Non erano l'inferno. Erano solo tessere di un mosaico il cui quadro d'insieme sfuggiva loro come lo stridore della vecchiaia sfugge alla gioventù. Si rendevano conto delle pastoie in cui sarebbero stati costretti a gettarsi qualora fossero riusciti a portare a termine il loro percorso forense, ma l'ardore, il desiderio di essere parte di un contesto che fa e produce, i begli occhiali da sole e i completi di marca coprivano la natura delle cose. Non c'era nessun contesto produttivo. La più grande astuzia degli avvocati consisteva nel prospettare mondi la cui tenuta dipendeva dalla loro abilità. Erano i mondi della classe dirigente, dell'imprenditoria, della politica. In ultima analisi del denaro. Il che era una contraddizione in termini. Gli avvocati non erano che periti dell'ortopedia sociale. Aggiustavano quando e come potevano gli arti rotti della macchina civile, che si inceppava naturalmente spesso. Siccome riuscivano a fare in modo che si inceppasse anche quando funzionava, ecco che, in un modo o nell'altro, ne traevano lucro. Erano aggiustatori e guastatori. Non facevano che alimentare ciò che era già stato prodotto altrove. Erano succursali di una sede centrale che decideva in pratica per tutti. E il loro proliferare incontrollato mostrava quanto il gioco funzionasse o promettesse di funzionare. I praticanti non potevano non essere attratti da una vita che contraccambiava tutto questo sfaccendare con lauti compensi. L'avvocato viveva dell'insocievolezza congenita umana, dunque avrebbe lavorato sempre. Le nuove leve questo capivano e non gli serviva molto altro. Nessuna malinconia per come questo giocattolo

prosaico, la congerie sociale, finisse con lo stritolare i più, favorire i meglio referenziati per nascita o censo, e sconvolgere ogni ipotesi d'ordine e rigore intellettuale e morale. Tutto ciò non poteva né doveva sfiorarli. L'avvocato di successo era quello che, se anche sapeva di stare gorgheggiando attorno al Maelstrom, se ne infischiava e guardava da un'altra parte, inventandosi quieti dopo la tempesta che sapeva non esistere, ma che non poteva non raccontare e raccontarsi quando le cose davvero precipitavano.

Così venivano allevati i nuovi rampolli dell'avvocatura. Il loro correre da un piano all'altro suscitava ai suoi occhi un misto di tenerezza e rifiuto. Li aveva aboliti come categoria, *a priori*. Che lo fosse lui stesso non gli pareva una contraddizione. Non era lì per imparare, perché i praticanti non imparano, rubano. E quelli da cui si doveva rubare, oltre a non avere spesso granché da offrire, non volevano neanche metterlo a disposizione dei ladri con animo liberale. A che giovava essere della partita?

Quella che aveva ottenuto dall'iscrizione al Registro dei Praticanti Avvocati era solo una patente di ligio osservatore dello schianto. I tribunali di provincia erano ancor più micidiali di quelli metropolitani, perché tutto era più prossimo e i microcosmi che riflettevano i guasti che si producevano nelle alte sfere, recavano segni tangibili, la cui evidenza rendeva tutto più chiaro, e il cui tentato insabbiamento tutto più misero.

D'altronde non era nemmeno lì per crearsi contatti e conoscere gente, in vista di futuri eventuali rapporti professionali, come ci si consigliava di fare proprio tra praticanti avvocati, che sentiva confabulare giaccaecravatta negli angoli dell'atrio del Piano Terra. Il termitaio era da sempre la risorsa prima dei maneggioni d'alto e basso lignaggio. Un mercato plebeo e meschinamente umano che si guardava bene dal frequentare. Sempre passava accanto a questi assembramenti di bestioni e ingegni sottili, che pure non mancavano, con gli occhi bassi, la bocca storta e una gran voglia di sputare.

Era lì, come gli fu subito chiaro, per lasciarsi, per abbandonarsi; ogni bosco o cima di monte erano fuori dalla sua portata, richiedevano una certa nobiltà e nomadismo, mentre lui era più per le piccole geometrie, per qualche viale notturno, per le camere attraversate dalle ombre.

Come poteva tollerare di parlare a qualcuno? Come poteva tollerare che gli si parlasse? Come poteva accettare qualunque forma dialogica che non fosse tale solo in apparenza?

Al massimo poteva intrecciare discorsi con chicchessia come con delle pietre, ma di faccende di senso compiuto non voleva saperne. In udienza era diverso, quello era un rituale sbilenco e basta. Domande e risposte non erano domande e risposte, ma un tentativo di fare alla svelta che c'era gente in fila. Quindi andava bene pressoché qualunque cosa si dicesse.

E parlare a vanvera o parlarsi addosso voleva poi solo dire essere muti. Diventare muti.

III

La voce

Sebbene coltivasse con quanto più zelo possibile l'esercizio del parlare ammutolendosi, il commercio che pure doveva avere con i frequentatori del PDG, avvocati, giudici e, qualche volta, praticanti, quando gli avvocati da cui dipendevano non erano reperibili, lo costrinse a industriarsi per acquisire spigliatezza nei colloqui forzati che doveva sostenere, e che le occorrenze della pratica rendevano inevitabili.

Come gli sarebbe piaciuto se quelli del PDG fossero stati luoghi in cui, grazie a un linguaggio di segni convenuti, il silenzio si fosse imposto come forma predominante di rapporto umano. Quanto ne avrebbe guadagnato il diritto e tutto il tribunale! Secoli di *ars rethorica* sarebbero stati soppiantati da un codice non scritto attraverso cui la parola si sarebbe trasformata in fastidiosa eccezione alla quale ricorrere solo *extrema ratio*. Gli avvocati e i praticanti avrebbero indicato con lievi cenni precisi luoghi del codice o specifiche forme di impugnazione e tutto il resto sarebbe passato attraverso le carte. Sole nelle udienze penali si sarebbe così sentito, ma poco, parlare e il PDG sarebbe diventato un chiostro tranquillo, in cui l'armonia dei gesti e dei segni avrebbe sostituito il volgare gesticolare e il ciarliero rumore che affollava tutte le stanze. I giudici, gli avvocati e i praticanti avrebbero con il tempo finito per assumere l'aspetto e il contegno di padri della Chiesa del III sec. e tutto sarebbe stato dominato dalle riflessioni che per sua natura il silenzio suscita. La cosa non doveva necessariamente durare per sempre. Giunti al culmine della perizia nella comunicazione segnica, si sarebbe potuta reintrodurre man mano la parola, che ormai si sarebbe scrollata di dosso la compagnia della chiacchiera. L'ossequio che il silenzio porta con sé avrebbe favorito la distensione nei rapporti e tutto sarebbe stato pesato, le cause stesse si sarebbero fatte più agili, perché la parola scritta, privata della sua corrispondente sonora, sarebbe diventata laconica e precisa, avrebbe perso ogni inutile verbosità, e il giudice, da un semplice sguardo al verbale, avrebbe afferrato immediatamente l'oggetto del contendere ed emesso la sua pronuncia in tempi decisamente più

stretti. I testi avrebbero deposto in presenza di domande minime ed essenziali e l'abitudine alla pletora di quesiti per le prove testimoniali si sarebbe ridotta, anche contro la volontà degli avvocati, ormai incapaci di sovrabbondanza, a pochi capitoli fondamentali. Il diritto si sarebbe riaffermato in luogo dell'impasto del diritto cui invece ora si assisteva, zeppo di chincaglierie dialettiche che provenivano dal parlato.

Sognò tutto questo durante interminabili pomeriggi d'ottobre, quando il sole accarezza i volti giovani di neolaureati ancora ignari del futuro, ma a cui il cerchio della vita ancora concedeva un retaggio di spensieratezza giovanile e meridiana, quando le energie e i desideri si condensano in stanze di case di provincia o di città o per studenti fuori sede, ma dove la malinconia e la *tristesse d'été* vivono ancora di un languore zuccheroso, che il primo bagliore più acceso di sole basta a scalzare e che la prima sensazione passeggera di potere tutto con il vigore e la creatività di quegli anni è sufficiente a relegare nell' animo di spiriti più disincantati e più tristi, che hanno lasciato la felicità nelle gioie di tempi ormai perduti.

Lui, che voleva dimenticarsi di se stesso provò piacere nel sognare il silenzio del PDG. Sarebbe stato un mutamento epocale. Che lasciava intravedere qualche speranza per l'avvenire delle coscienze.

Sogni.

Escogitò così un modo per impratichirsi con il discorso. Per allenarsi a parlare più di quanto non fosse necessario e anche non necessariamente seguendo un filo logico, in modo che male che fosse andata, lui, allenato, avrebbe avuto sempre e comunque qualcosa da dire.

In fondo era l'arte degli avvocati, anche se lui lo faceva per scopi eminentemente pratici e volgari come sanno essere solo quelli umani. Per nobilitare l'impegno preso decise di ricorrere a delle telefonate. Un altro diversivo. Stavolta per evitare di favorire il parlare attraverso i parlanti.

"Buongiorno, Professor Platone. Ha visto? Ultimamente si sbracciano tutti in nome del salario garantito. Come se non si rendessero conto che tutta la vita è precariato."

"Gentile Dottor Nietzsche, mi duole per la sua tormentata convalescenza…le auguro di stare presto meglio."

13

"Signor Léautaud, mi piacerebbe venirla a trovare, lei e i suoi gatti. Mi farebbe leggere qualcosa dai suoi diari? Ho sentito che vorrebbe pubblicarli, così mi sono permesso di chiamarla…"

Telefonate così. Inizialmente erano solo piccole frasi, ma ne faceva tante ogni giorno. In seguito si sarebbe lanciato in vere e proprie dissertazioni, anticipando obiezioni, argomentando con precisione analitica, cercando di essere quanto più possibile organico nell'esposizione. Il passo successivo sarebbe stato quello di non prestare attenzione al rigore argomentativo e di andare avanti più o meno a briglia sciolta, anche perché gli interpellati erano invariabilmente d'accordo a che non si seguisse un andamento razionale.

Il discorso poteva ben naufragare e alla fine il *flatus vocis* superstite, insignificante, radicatosi nella sua *forma mentis*, gli avrebbe fornito una corazza nominalistica a prova di tutti i possibili scambi d'opinione o richieste di vario tipo che potessero coglierlo nel mentre della pratica.

Del resto, era in questo, perfettamente al passo con i tempi. La Catodica non faceva che alimentare, in fondo, una dialettica da nominalisti, per cui tutto era nome e convenzione, dunque tutto poteva andar bene. Ed erano del resto nomi quelli che al momento andavano per la maggiore. Tutta la televisione era una questione di nomi. A chi interessavano le cose?

I nomi erano venduti nel mercato catodico e le regole del gioco erano di necessità nominalistiche. Ogni concetto era ribaltabile nel suo contrario, secondo convenzione e andamento della domanda e dell'offerta. Perciò l'ultimo stadio della sua comunicazione telefonica perfezionava l'insignificanza che ricercava per sé e si adattava perfettamente al via vai di quei giorni palustri.

Da quando la televisione aveva fatto irruzione nei tribunali, il meccanismo si era raffinato e impreziosito al punto che ogni fatto era un nome, ogni individuo era un nome ed era individuo in quanto destinatario di epiteti e qualifiche, prosaiche o meno non importava.

Ma la sua era opera di sublimazione. Pur saggiata l'affinità con i meccanismi della Catodica, questa non poteva irretirvelo perché il suo imprestarsi all'assurdo non poteva essere condiviso da un mondo in sé fin troppo concreto.

Lui invece conosceva il dramma di Adamo e il segreto terrificante dietro i nomi.

"Ti capisco Adamo, prima era tutto più semplice. Poi ti dissero di nominare tutto. E tu piangesti. Sapevi di decretare la morte di tutto, nominando. Ti capisco, ti capisco."

Avvocati, praticanti, giudici. Nomi. Nomi di morti.

IV

La commedia legale

Per potersi iscrivere all'albo dei praticanti dovette cercarsi un avvocato che lo prendesse con sé a studio. Si trattava di una ricerca che metteva a confronto due universi, quello dei praticanti e quello degli avvocati, governati dalle stesse regole e soggetti ognuno alla sua insensatezza.

Praticanti raminghi per le strade del nonsocché affollavano aule e stanze di giudici e fumavano di traverso negli angoli dell'atrio del Piano Terra succubi e indiavolati in attesa dell'infinita gogna per provare a sganciarsi annosi dal travaglio del morire magazzinieri e ubriachi nel pub di periferia a sera a fare due parole tra un piano e l'altro o nello spiazzo di notte con la gioventù e folti e con i padri avvocati o con i padri strafatti di fatica che li avevano mantenuti e li mantenevano e madri speranzose come madonne e loro con i fascicoli sottobraccio con la gola ustionata a far presto a chiedere ad aver paura di chiedere come ladri dentro e fuori l'aula a ridere più o meno e due tre quattro cinque dieci anni a studio il pomeriggio a indolenzirsi le gambe con il collo rosso di cravatta.

Avvocati svettanti nauseati ghignanti con l'infarto nel portafogli e la macchina nel piazzale con l'occhio torvo o melanconico quando da intellettuali e artisti si dissero che sì, si poteva anche fare e il mondo crollasse oppure no e andavano nei club di città costiere a pagare l'amore o a riunirsi per affossare nell'orgia i segni dell'unghia del tempo o la famiglia che si erano caricati addosso con i tantitroppi nonnepossopiù oppure erano stati forzati sociali che la sera erano andati a letto presto per lavorare al mattino non importa che lavoro poi a studio fino a sera tardi poi di nuovo e così bravura-fortuna con il titolo andavano nel Rio delle Amazzoni e si facevano accoltellare e lottavano e poi di notte tra le carte convinti e feroci e un figlio due figli moglie e la professione anche quella di vivere e morire.

Per gli avvocati i praticanti non consanguinei erano sempre un peso, non a torto del resto, dovendo già sopportare il peso della professione umana, troppo umana, che si erano scelti, anche se questo valeva per gli imprestati alla professione, che magari

sognavano di fare gli scrittori o gli attori e che provavano pena per quei futuri deportati nel *lager* dell'oppressione sociale. Per gli altri, quelli che erano animati da una robusta grinta forense, i praticanti erano protesi da impiegare per lavori di bassa manovalanza, come spillare gli atti, andare a comprare fogli uso-bollo, fare fotocopie, fare da autisti, e, nei casi più fortunati, redigere atti cui, una volta presa la mano, il *dominus*, cioè l'avvocato presso cui si prestava servizio, apponeva la firma e iscriveva al ruolo. Cameriere a ore, i praticanti speravano di conquistarsi uno spazio a venire nel mare magno della professione forense occhieggiando al *modus operandi* degli avvocati, spesso assai parchi di spiegazioni per mancanza di tempo e voglia. Così si sottoponevano a tutte le incombenze del caso, tra lo studio e il tribunale, incastrati nel presente e con un futuro da giocarsi a testa o croce. Loro, i praticanti, i tuttocchi.

Alcuni avvocati mal tolleravano la dazione gratuita della loro sapienza, così contrattavano con i praticanti emolumenti per la professione che insegnavano, in realtà con le loro famiglie. I praticanti, infatti, non avevano quasi mai di che vivere, erano stati allevati e protetti dalle loro famiglie anche molto oltre l'età della ragione, perché la provincia era la metafora perfetta dell'inclusione, dal focolare-rifugio che non abbandonava mai i propri figli, che invece di spronarli all'indipendenza, li invogliava a restare nel nucleo d'origine più a lungo possibile, in attesa della sistemazione in età matura che avrebbe portato, magari dal piano superiore, figli e nipoti al gran tavolo del pranzo comune domenicale.

Questo stato di cose spiegava perché, in provincia, il praticante faceva solo quello, data anche, del resto, la scarsità di lavoro, che spesso era uno dei motivi per cui ci si buttava nella mischia, nella speranza di non finire un giorno a dover marcire in fabbrica come i padri, visto che peraltro anche lavorare in fabbrica non era poi così scontato, o ad arrangiarsi con espedienti di varia natura, o a finire, raccomandati di ferro, al catasto, per trasformarsi nel giro di una decina d'anni in personaggi pirandelliani con la frustrazione nelle ossa e una pistola nel cassetto. Restava l'estero, perché da sempre la provincia era esterofila, una conca di facce brune disperate che, alle brutte, tentavano il tutto per tutto, senza sapere se avrebbero finito per gelare sulle panchine di qualche paese nordico, nelle cucine di qualche ristorante straniero o in qualche studio legale da qualche parte nel paese, dove avrebbero fatto la fame per cinque sei anni in attesa della loro occasione. Sempre che

ci fosse stato modo di emigrare o di spostarsi. Ci volevano soldi, o l'appoggio di qualche parente, o un bisogno brutale di sopravvivere a costo di miserie inenarrabili che polverizzavano anni di studio nel fumo di qualche metropoli. La pratica legale era così, per i più, una finestra spalancata sul nulla, il nulla di un mondo ormai scoppiato a cui si reagiva con un poco di talento, quando c'era, con una fitta rete di contatti da cui poteva sortire qualche occasione, se si era capaci di crearsela, o andando alla deriva per due anni in attesa dell'esame per l'abilitazione, altro marchingegno intricatissimo, di cui non si conoscevano le procedure nascoste, o le si conoscevano ma ci si affidava alla sorte, al calcolo delle probabilità, all'amico dell'amico che conosceva un amico di uno di quelli che correggevano gli elaborati e via così, o, al limite alla Santa Vergine-prega per noi, che almeno non chiedeva tangenti o il riconoscimento a vita dell'aiuto ricevuto.

C'erano poi avvocati che non insegnavano nulla, non volevano praticanti tra i piedi a studio, ma, dopo ripetute insistenze e pressioni, concedevano l' 'avallo firmatario' – il praticante spendeva il nome dello studio al solo fine di ottenere le firme sul libretto da parte degli avvocati consiglieri, o del *dominus* stesso, se rivestiva tale qualifica, che gli vistavano l'udienza – e niente più.

Altri avvocati ancora prendevano i praticanti offrendo loro atti da studiare e spiegazioni varie, ma senza offrire retribuzioni di sorta o concedendo un obolo di tanto in tanto ai disgraziati, come rimborso spese e, comunque, senza pensare a eventuali collaborazioni una volta conseguita l'abilitazione: il lavoro era quello che era, il contesto sociale era quello che era, la provincia era quello che era, il volume di cause era quello che era, e data la sproporzione tra avvocati e possibili incarichi, di addestrare animali da foro per ingrandire la famiglia non se ne parlava. Non c'era posto per tutti e chi lo voleva avrebbe dovuto sgomitare per conto proprio. L'ontologia della produttività della classe forense, l'alternativa alla vita grigia delle otto ore impiegatizie, costava combattimenti alla vecchia maniera, senza guantoni. A mani nude. Chi aveva le nocche dure e la pelle spessa poteva giocarsela, gli altri finivano come finivano, in quella radura inconcepibile, impastata di domeniche e impicci fantasiosi quanto pericolosi per tirare a campare, che guardava lo Jonio da lontano, come l'altra faccia di una terra dell'osso dimenticata dagli uomini e da Dio. Quanto poi a fini più sottili, come la preservazione di un certo *ethos* legato alla forma, alla

18

regula juris, queste erano mollezze anacronistiche o da ricercarsi in ben altri circondari. La provincia era la provincia. Un'accozzaglia di politica tascabile, di preti, rassegnazione cristiana, campi incolti e deserti di pietra.

Cominciò così la sua odissea cercando fortuna tra i penalisti. Lo attiravano per la loro convivenza quotidiana con certa patologia umana che metteva in crisi la panzana rousseauiana dell' 'uomo buono'. Purtroppo o per fortuna, i penalisti erano una crocchia di aristocratici che praticavano la selezione eugenetica dei loro collaboratori, per trarne future marionette altoborghesi, con beneficio d'esser fascinosi quand'anche baciati in fronte dalla bruttezza. In più c'era anche da considerare il fatto che i penalisti a cui pensava lui erano gente d'altri paraggi, uomini ai confini della morale, che avevano scelto lo smog della metropoli e le atrocità più o meno gravi commesse da un'umanità sempre più delirante e feroce. I delitti di provincia erano cose perlopiù da bar dello sport, piccole faccende a metà strada tra la cavalleria rusticana e l'arte dei rubagalline. I penalisti prestavano, alla fine dei conti, una specie di opera assistenziale per poveri diavoli consumati da pomeriggi di paese in mezzo al niente. C'erano eccezioni chiaramente. Ma era solo un cortile più grande, con storie decameronesche più articolate.

Decisamente inaccessibile il castello penale. Restavano amministrativisti e civilisti. I primi erano anche meno disponibili dei penalisti. Milionari, erano incastonati nelle pastoie della pubblica amministrazione e spremevano dallo Stato e dagli enti parastatali cifre da capogiro, perché se Stato o enti sbagliavano, la posta in gioco era il mancato buon andamento della pubblica amministrazione, da cui si poteva così esigere un risarcimento imparagonabile con quello ricavabile dal comune privato cittadino. Sicché gli amministrativisti dovevano avere motivi assai validi per accogliere a corte ingenui neolaureati che nulla sapevano delle cose del mondo.

I civilisti erano uomini che avevano commercio con una marea di carte, il loro era un diritto scritto più che parlato, ai rei e all'amministrazione sostituivano perizie, consulenze, argomentazioni sofisticate al limite del cervellotico, capitoli di prove testimoniali, presunzioni, sguardi gettati nei contesti più disparati dello scibile umano, quando serviva. Erano *factotum* del diritto, che passavano la vita a redigere verbali, atti e ad argomentare con gli

strumenti messi a disposizione dalla teoria dell'interpretazione, quando sapevano il fatto loro.

Anche i civilisti se la vedevano spesso con piccoli affari di provincia, dove allegreggiavano i condomini, le piccole proprietà terriere e gli incidenti stradali, che erano perlopiù transatti all'officina del meccanico di fiducia, ma che, quando proprio non si poteva, erano curati dall'avvocato dell'assicurazione, che trovava sempre il modo di mettere d'accordo tutti e salvare capra e cavoli. Altre volte c'era di mezzo il lavoro, e con il lavoro il licenziamento, previdenza e assistenza, malattia, tutto il timore e tremore che portava davanti ai giudici del Quinto Piano sezione lavoro uomini che avevano avuto il coraggio brutale di alzarsi la mattina e andare a sfigurarsi anno dopo anno, per miliardi di ore e centesimi di vita. Quei cristi, che con le spalle doppie aspettavano l'udienza, l'udienza infinita.

Era anche questo il PDG. Un luogo dell'attesa, dell'occhio arcigno di chi non sa quando vedrà la fine di un'odissea di carte, di fascicoli, di perizie, di blindati diritti che specchiano un tempo fluido, che si insinua nelle epoche della vita fino a che chi attende non diventa vecchio, stanco e va in tribunale per ammazzare il tempo. Le braccia conserte, inciampati nella giustizia, i portatori di diritti stavano fissi e vuoti. Come balene spiaggiate, inermi, sotto il sole. Chi finiva in tribunale, chi ci finiva senza essere ricco, dunque indifferente all'attesa, chi ci finiva in qualità di signor nessuno, poteva aspettarsi, in egual misura, tanto un colpo di fortuna che un'altra croce da portare.

L'avvocato, il praticante e l'attesa.

V

Cincinnato

Fu tra le emergenze lavorative del Quinto Piano che trovò l'avvocato con cui fare pratica.

Si chiamava Cincinnato e aveva una faccia da Socrate. La barba, quasi completamente calvo, aveva tratti forti e duri, su cui il tempo e le circostanze della vita avevano scritto i loro editti inappellabili. Aveva lavorato duramente per diventare avvocato, era stato in fabbrica, era stato sindaco del suo paese ed era comunista. Con o senza Togliatti era comunista. Era un uomo netto e gli piaceva argomentare le proprie scelte difensive come se provasse piacere dal ragionamento in sé. Aveva vissuto periodi difficili in passato, e ora era come se ogni parola lo riscattasse da tutto quello che aveva dovuto affrontare per studiare e accedere alla professione. Ma lo faceva senza strepito, considerava il passato più che una premessa dell'avvenire, aveva per lui un valore in se stesso, perciò concepiva il suo percorso senza soluzione di continuità, ogni cosa aveva avuto il suo senso e tutto poteva anche tornare come un tempo, con le miserie e gli affanni di un tempo, se le circostanze lo imponevano, ché "la professione, diceva, è un lancio di dadi, e se dovrò tornare a fare quello che facevo prima, non sarà un problema, l'ho già fatto, posso rifarlo". La professione, come parte di un circolo, la deprivava della boria superomistica di alcuni zeloti che confidavano nell'eterna insocievolezza umana per far soldi. Era, Cincinnato, di certo un'eccezione e come eccezione viveva e si comportava.

L'avvocato si occupava per lo più di diritto del lavoro e aveva lavorato lui stesso in uno dei peggiori *lager* concepiti dall'uomo: la fabbrica. Ci si era pagato gli studi con il lavoro in fabbrica e, comunista, ebbe diverse grane. Chiedeva che i diritti dei lavoratori venissero rispettati. Quei padri di famiglia lavoravano nella quasi totale assenza di sicurezza, a malapena gli davano i guanti e il casco. Per il resto andavano avanti bestemmiando e sperando di non crepare prima della pensione.

Conseguita l'abilitazione da avvocato, Cincinnato avrebbe poi difeso quelli stessi con cui lavorava, trentennali mosche

d'altoforno in un inferno sforna ferro fumo e amianto. Patteggiavano, gli operai, l'insulsa turnazione con le due ore di dopolavoro e se la Catodica portava alla ribalta, di tanto in tanto, casi di suicidi collettivi, nelle fabbriche non s'ammazzavano tutt'insieme per la sola ragione che, già mezzi morti senza protezioni idonee, sovraesposti all'amianto, s'erano talmente abbrutiti da non aver voglia neanche di completare l'opera. Non sapevano che l'amianto stava già risparmiandogli da tempo la fatica. Come avvocato tentò, quando si volle scoprire con un ritardo di settant'anni che l'amianto era cancerogeno, di far ottenere agli ex-colleghi dei benefici previdenziali. Alcuni benefici li ottenne, altri no, altri li ottenne troppo tardi, quando gli operai erano già in pensione o già assaliti dal cancro. Molti conclusero così la loro esperienza di deportati in nome della produzione in qualche letto d'ospedale, divorati dall'amianto e prima di vedersi riconosciuto un qualche beneficio, un qualche pallido riscatto per una vita modellata sulle otto, dodici, quattordici ore di catena di montaggio, bestemmiando con la faccia e le mani nere come la pece. Qualcuno era morto sperando che almeno nell'aldilà glielo si spiegasse in vista di cosa si erano poi ammazzati e fatti ammazzare per paura di perdere il posto di lavoro, almeno finché le polveri sottili dell'amianto non fecero abbastanza morti da doversene preoccupare per forza.

Il Quinto Piano era il teatro di questo necrologiare *in fieri*.

Ogni volta che c'era udienza davanti al giudice del lavoro, assisteva alla parata di questi diavoli dell'inferno operaio, con trenta, quarant'anni di fabbrica, che avevano fatto i turni di notte tra il fango, l'altoforno e i tavoli d'alluminio dove rubavano il sonno seduti su panche di legno; che avevano sporcato le borse azzurre della loro giovinezza con il grasso e non c'era verso di mandarlo via quel grasso, dalle mani, dalle pieghe del volto, dalle ossa; si erano soffiati il naso davanti ai figli e avevano mostrato loro il nero che stava nel naso e i figli avevano pensato che i padri di notte bruciassero; avevano mandato giù ettolitri di cordiali nelle notti altissime, dentro i gabbiotti, con gli altri, a scoprire il freddo e il fuoco.

Ora chiedevano abbuoni previdenziali perché l'amianto se li era mangiati, ma la legge che lo definiva cancerogeno, era arrivata troppo tardi, e per scusarsi aveva stabilito, la legge, che non era proprio sicuro che lo fosse per tutti, sicché condannava alcuni alla

pensione ed altri li riscattava rimandandoli al laminatoio. Anche se non faceva molta differenza: erano tutti stramorti.

Nemmeno i giudici, ad un certo punto, ne poterono più e accoglievano tutti i ricorsi: "Ma andiamo, abbuoniamoli tutti! Tanto la maggior parte si suiciderà comunque!"

Ma niente. L'Inps appellava, l'Inail presentava difetto di legittimazione, passiva o attiva, a seconda, il Ministero aveva già il Ministero a cui badare, gli avvocati dell'Inps scrivevano il verbale ad occhi chiusi: "Impugna e contesta impugna e contesta", la Cassazione mandava a dire ai giudici: "E vediamo di finirla con questa pagliacciata! Che si dia la pace a questi disgraziati!"

Mesi, anni di carte, di topografie, periti e gastrite.

Lo studio dell'avvocato divenne così un esercizio quotidiano di trincea, dal quale usciva con la convinzione che il diritto arrivava sempre troppo tempo dopo che la vita aveva fatto il suo corso e che gli uomini l'avevano infarcita con le loro bassezze e con i loro piatti sporchi.

Lo studio era incuneato in una stradina di uno di quei paesi che s'aggrappano alle rocce per non cadere giù.

La strada che vi portava era lastricata di grosse pietre sfalsate messe lì al tempo in cui non ci si curava del traffico e si andava per lo più a piedi, esposti tutto il tempo all'inciampo. Il luogo consentiva un certo raccoglimento, favoriva inclinazioni alla Dantès e lui vagheggiava, ripiegato sui codici, passatempi vendicativi – anche se la timotica non era cosa a cui si dedicava con troppo entusiasmo, essendo ogni vendetta questione di promessa, differimento, dunque inutile – un 'surrogato d'azione' come i tanti altri che si sarebbe concesso in seguito.

Quando andava a studio era sconvolto lungo la strada dalle facce dei vecchi, che sostavano sulle panchine come tanti Buendìa, con lo sguardo fisso e caparbio di chi aveva visto quello che aveva visto e ora ghignava disincantato in attesa del tanti-saluti finale. Macerati dalla campagna o dall'ufficio comunale del paese, che

fossero stati emigranti o meno, avevano tutti l'espressione dell'esule che aveva fatto ritorno e aveva trovato meno di quel che aveva lasciato. In realtà tutto era stato sempre lo stesso, erano loro che erano invecchiati.

La piazza, l'osteria, la chiesa, la famiglia. E la vita era passata così. Ora aspettavano. Era quella irrevocabilità a sconvolgerlo, accolta da una calotta di cielo gonfio di cobalto e di porpora quando si faceva sera. Dai belvedere i vecchi guardavano le stesse colline che guardavano da giovani e che un tempo avevano un altro colore, o almeno così pareva loro. Le stesse colline dei loro padri, le stesse colline dei loro figli e nipoti. Li guardava, erano erme solcate dal tempo fluido e selvaggio dell'entroterra. Ne aveva al contempo compassione e rispetto. Erano stati figli, erano stati giovani, ed ora erano lì. Aspettavano.

A volte sostava un po' su una ringhiera bassa e li osservava, facendo finta di controllare qualche fascicolo. Erano lì ed erano la verità.

Tornando, a sera, percorreva alcuni tratti di strada male asfaltata prima di imboccare la statale e, un tornante dopo l'altro, ginestre, ulivi, campi di stoppie bruciate e recinti malmessi di filo spinato. Il sole abbracciava le masserie dove ci si preparava per la cena, mentre nelle cunette la terra e le erbacce accoglievano sassi rotolati da chissà dove. C'era sempre il cane di un pastore che abbaiava da qualche parte.

VI

Diversivo n. 3. I libri

Insieme al libretto da praticante, si portava sempre, nella borsa, un libro.

Il libro gli serviva come diversivo contro l'attesa che precedeva invariabilmente l'inizio delle udienze, che mai cominciavano all'orario stabilito. Non c'era il giudice, non c'erano i testi, non c'era la controparte, il cancelliere non c'era in ogni caso, perché aveva altro da fare e perché era costume ormai consolidato redigere i verbali d'udienza da parte degli avvocati. Questi scrivevano sotto dettatura del giudice e qualcuno era diventato davvero abile nella trascrizione, al punto che alcuni avvocati preferivano scrivere essi stessi invece dei praticanti, specie quando sapevano che dopo non avrebbero avuto altro da fare che andare a prendere l'aperitivo al bar, dunque pregustavano nella solerzia della scrittura il momento della prossima ricreazione.

Il libro prima dell'udienza, a volte durante l'udienza. All'inizio romanzi, poi saggi. Le storie meritavano un certo raccoglimento, un certo smarrimento del tempo e delle idee che roteavano nella testa ieri oggi e domani. I saggi erano riflessioni di qualcun'altro da leggere a brandelli, in piedi o seduti, in un posto o nell'altro, da lasciare e riprendere, secondo l'occasione.

In entrambi i casi la lettura dei libri all'esterno si adattava bene al flusso ruminatorio degli spiriti preoccupati o meditabondi o dispersi che si potevano scorgere lungo le stradine strette dei viali o quelle unte di solitudine che circondavano i quartieri pieni di palazzi, che facevano della città una bocca sdentata in cima a un colle arido, dove serpeggiava la gramigna e i covoni erano insultati dal vento in ogni stagione. Ma nessuno sembrava aver colto i vantaggi di quella pratica, così gridò sulla rilegatura dei libri la propria solitudine, di cui non si dispiaceva, perché aveva rinunciato al riconoscimento. Era solo il solito vecchio e claustrale gridarsi addosso.

In tribunale i libri erano perfetti. Come il vanverare da amanuense o quello da telefonatore a-logico, i libri fornivano un diversivo alla necessità di avere-a-che-fare-con. Erano

un'intercapedine tra due mondi infranti, il suo, che, ritiratosi irrimediabilmente in se stesso, non emanava nulla se non un nuovo ritiro, infranto dall'impossibilità di mondo, e quello del consorzio umano tutt'intorno, infranto dall'ipertrofia di mondo. Anche se le esatte misure di queste costellazioni erano ignote: c'erano altri come lui? Dall'altra parte c'era solo un leviatano bulimico che riempiva il vuoto dell'essere con cocci di vitalità esasperata e spesso inopinata o c'erano schegge contrite in quantità imprecisabile che contribuivano alla melodia sghemba del fluttuare insensato fino alla fine? Era solo? C'erano altri? E se c'erano ne desiderava la compagnia? Ma due concavità non possono incontrarsi. Restava l'opprimente moltitudine, che non sapeva non rifiutare e con cui pur doveva avere un qualche commercio, perché anche di essa era il regno della legge. Così non trovava altro da fare che mettersi i libri nelle tasche del cappotto o nella borsa, per leggere qualche passo nelle scale o in ascensore, con il libro piantato sulla faccia in modo da non poter distinguere le lettere e opporre così un rifiuto ancor più netto alle circostanze che gli si paravano davanti.

Aveva rinunciato al riconoscimento. L'industria della vita lo interessava solo come dato di fatto. E il miscuglio tribunal-televisivo lo aiutava a smarrirsi con maggiore proficuità e varianti che non se fosse rimasto con gli occhi spalancati sotto un albero. In tribunale la legge, solo la legge gli dava un qualche senso di appartenenza, era qualcosa di scritto, su cui ci si poteva arrovellare, alle cui strettoie e varchi ci si poteva abbandonare o di fronte a cui ci si poteva porre con le spalle aperte, come di rado era possibile fare con il mondo colonizzato dall'azione umana, dai suoi rigurgiti e dall'incombenza pensierosa del come sopravvivere anche oggi o del come guizzare meglio nel domani, nel nulla migliore.

Quei libri, odore sacro di pagine ingiallite o fresche di stampa, erano l'oggetto che lo immunizzava da ogni corteo, anche da quello che lo attraversava.

Li apriva, li sfogliava, nei momenti in cui l'attesa pre-udienza si faceva più sostanziosa, li leggeva. O accennava una lettura. Erano uno schermo, un oggetto da cui promanavano, in alcuni momenti in cui l'attenzione era più desta, parole, frammenti di frasi, che si adunavano nella sua testa e sfaldavano una volta di più la sua presenza.

Quando gli occhi si levavano dalle pagine, il Maelstrom si imponeva con tutta la sua cruda e ineluttabile inspiegabilità. Il pre-

udienza e l'udienza erano bei vortici allegri, come l'organizzazione stessa dei tribunali in genere.

E di udienze, certo, non c'era moria. Su questo fronte i praticanti non avevano di che lamentarsi. I giudici, sommersi da fascicoli di cause che duravano da decenni, continuavano a rinviare udienze di anno in anno, sicché c'era sempre qualcosa in caldo al ruolo generale, il registro delle cause. Le cause caracollavano sulle scrivanie dei giudici, rotolate da un'udienza tenutasi mesi prima, in cui non s'era deciso nulla e in cui era stato disposto il mero rinvio per mancanza di elementi decisori o un differimento delle attività relative alla causa in corso perché il ruolo era così ingombro di fascicoli che il giudice stabiliva la data dell'udienza successiva anche a due anni da quella che ora lo impegnava. Moltiplicando per centinaia di cause questo andazzo, era giocoforza avere quasi sempre qualcosa da fare in tribunale. Ne avevano di sicuro sempre i praticanti. Gli avvocati li sguinzagliavano a recuperare carte e ad appiccicare marche da bollo o a fare la fila davanti agli uffici, mentre loro si godevano la bellaria del parco o dormivano o si invecchiavano tra le carte a studio.

Nelle sale antistanti le stanze dei giudici civili e del lavoro, gli avvocati si affollavano scambiandosi fascicoli e mettendosi d'accordo per chi avrebbe attestato la presenza di chi, mentre quel chi era altrove o semplicemente discutendo alla buona di calcio e politica, a volte del tempo. I praticanti, nel frattempo, ingannavano l'attesa girandosi i bottoni della giacca nelle asole o parlando tra di loro più o meno delle stesse cose. Era infatti opportuno, in ogni momento della pratica, agevolare un virtuoso processo di osmosi con i *domini*, in modo da rendersene i degni pupilli e imparare cosa si deve fare e dire, prima di andare in udienza, ai colleghi.

Il *climax* di questo snervante cicaleccio veniva però raggiunto nel corso dell'udienza stessa.

C'erano giorni in cui si produceva una tale ressa intorno ai giudici che tutti finivano per sapere tutto di tutti, la riservatezza non esisteva e la pubblicità dell'udienza significava condivisione forzata dei guai altrui. Nelle piccole stanze dei giudici le teste dei praticanti spuntavano ovunque tra faldoni tenuti insieme dallo spago e dalla provvidenza e avvocati ipertesi, che frugavano tra gli stessi faldoni ammassati sulle scrivanie per trovare quello che gli interessava, mentre altri cominciavano a scrivere il verbale d'udienza nella latitanza dei cancellieri, impossibilitati a svolgere il loro compito di

ausiliari del giudice, perché impegnati a fare la spola tra un ufficio e l'altro, alla ricerca delle carte perdute. Il tutto mentre si sgomitava tra fotocopie e marche da bollo. In tutto questo i praticanti-*factotum* sudavano tra scale e corridoi cercando di raccapezzarsi tra il trottare e il capirci qualcosa. Così, nei tempi morti che si creavano nell'attesa del proprio turno davanti al giudice e alle spalle del *dominus* e in quelli che si concedeva perché non gli importava granché di tutto quell'ammassarsi e insardinarsi – cosa si poteva imparare da quel vociare assurdo che oscillava tra i bagordi degli avvocati che raccontavano serate da gaudenti e consultazioni veloci tra colleghi per fare tutto in tempo per la pausa caffè? – si rannicchiava in un angolo e cercava di leggere quel che poteva come poteva, per non dover ammettere d'aver perduto. Poteva anche pensare alla dismissione di essere e tempo. I libri lo aiutavano in questo. Ma era lì. Era pur sempre lì. Conficcato, agonizzante. Aveva perduto.

VII

Varietà!

Il PDG commistionava burocrazia e avanspettacolo senza che la prima sapesse da dove nasceva il secondo e viceversa.

Sul libretto da praticante doveva annotare gli estremi delle udienze a cui era stato presente e poi farsele vistare da uno degli avvocati Firmatori, quelli cioè che sedevano al Consiglio dell'Ordine, l'organo deputato a sbrigare faccende più o meno interlocutorie all'interno del tribunale, circa la cui natura non c'era però mai stata totale chiarezza. Stavano lì quando dovevano, gli avvocati, ad esaminare praticanti che chiedevano il patrocinio legale, dopo un anno di pratica, per poter stare in udienza per cause minori, o che avevano finito un semestre di pratica e ora dovevano discutere su cosa ne avevano ricavato, a firmare libretti, a consultarsi per certi bandi interni e a organizzare qualche zingarata forense nella pausa caffè. Sedevano su scranni in similpelle e, quando avevano nostalgia dell'assoluto, guardavano dalla finestra. Stavano lì ed erano giovani e vecchi, ghignavano o erano bonari, a seconda di quanto e come la vita li avesse trattati.

Bisognava assistere a venti udienze ogni semestre per quattro semestri, poi si poteva fare l'esame da avvocato, a coronamento di un terzo dell'esistenza passato a darsi prima una *forma mentis* libresca e poi a smontarla per assecondare gli invincibili imperativi pratici che la professione richiedeva.

L'esame da avvocato, che doveva essere la mirabile sintesi di entrambi i momenti, era una transumanza vergognosa e patetica di trentenni e quarantenni che risalivano ogni anno un golgota comune su cui disperdevano le poche energie rimaste, in attesa di un titolo che non arrivava mai, a volte per obiettiva incapacità, altre per illeggibilità della calligrafia, che spazientiva gli esaminatori degli elaborati, e il più delle volte perché così doveva essere. Qui l'avanspettacolo era dato da padri di famiglia e falliti di talento, che bramavano l'abilitazione ormai da un decennio e che per tutto il tempo, tolte le cause che potevano seguire con il patrocinio legale e quelle che seguivano lo stesso e che poi il *dominus* legittimava con le firme di rito, avevano accettato di scartabellare come i loro colleghi

più giovani, ma parecchio, tra cancellerie, uffici e fotocopie senza prendere una lira, o prendendone così poche che erano costretti a vivere con i genitori ancora in età matura o a sedurre, *deo gratias*, una donna in carriera che mandasse avanti la baracca che erano diventati. I praticanti neolaureati ne provavano pena ed erano terrorizzati, quelli che non avevano altro che se stessi, dal presagio di finire alla stessa maniera. I giudici, che ne avevano ormai viste di tutti i colori, dedicavano loro un amaro sorriso, sapendo che il novanta per cento di quei disgraziati non ce l'avrebbe mai fatta. Gli avvocati concedevano loro una pacca sulla spalla e quelli più ricchi gli consentivano di utilizzare la loro auto sportiva per sbrigare le varie commissioni, così, almeno per qualche ora, avrebbero messo da parte il proposito di gettarsi nel fiume, che tra l'altro era troppo poco profondo e quindi ne avrebbero ricavato solo un po' di lordura in più. Dal canto loro, si presentavano anno dopo anno, questi uomini impalliditi, tristi come una sera russa di fine ottocento, alle prove scritte dell'esame da avvocato, già con i polmoni ripieni di fumo e con la fronte su cui si erano impresse rughe ormai indelebili. Si votavano, dopo aver provato con i santi e con i colleghi che ne sapevano di più su un dato argomento, e da cui copiavano spassionatamente durante l'esame, alla sola speranza di capitare per sbaglio nella lista bianca che decretava, con calcoli e manovre di cui rimaneva ufficialmente ignoto il meccanismo, chi passava e chi no. C'erano poi cinquantenni ormai sull'orlo del lastrico, che avevano capito che la vita era andata così, che vivevano di espedienti e facevano l'esame per fare l'esame. Erano i soli a non disperarsi. Davanti alle porte d'ingresso degli Hotel in cui si tenevano le prove, con codici di dieci anni prima, fumavano. Fischiavano. Qualcuno intonava " 'O sole mio".

Quando tutto questo era ancora di là da venire, toccava procedere nella raccolta firme.

Annotati gli estremi dell'udienza, bisognava andare a cercare un avvocato Firmatore per farsela vistare. Il *dominus* glieli aveva indicati e lui aveva cercato di fotografare le loro facce, scegliendo di farsi poi firmare il libretto quasi sempre dagli stessi, quelli che sembravano meno infastiditi da quella prassi che adunava sciami di praticanti invocanti intorno a queste figure investite di una potestà autoriale che si riduceva a scarabocchiare qualcosa sulla data d'udienza e qualche volta, se l'avvocato era davvero ispirato e per una volta ligio alla deontologia che favorisce lo sviluppo delle nuove

leve dell'avvocatura, alla formulazione di qualche domanda in merito alla causa, il che poteva gettare il praticante nel panico, per mancanza di eloquio o semplicemente perché era arrivato in udienza all'ultimo momento, il giudice l'aveva visto, la sua presenza era stata attestata e dei fatti di causa poteva sapere o intuire qualcosa così come non saperne un accidente. In tal caso il praticante si rimetteva alla magnanimità dell'avvocato, invocando come scusa di aver trovato traffico o di aver dovuto accudire la solita nonna o di essere stato mandato a comprare marche da bollo ai confini del mondo. In genere funzionava: all'avvocato bastava riflettere per un attimo a quante ne avrebbe passate quel poveraccio se mai fosse divenuto avvocato, per provarne istantanea compassione, mettere la firma sulla fiducia e andarsene al bar.

L'apposizione della firma, preceduta dalla ricerca dell'avvocato del caso, su per i cinque piani del PDG, con il corredo di "Scusi avvocato...potrebbe...?". "Ecco fatto", "Grazie", "Prego", che, nei casi più celeri, accompagnava il rito, lo infastidiva moltissimo. La cerca, dopo una, due o tre ore di tribunale era una faccenda insulsa e il tempo poteva ben essere impiegato meglio altrove. Così, inizialmente, per vincere la noia di quella procedura, si inventò un *escamotage*. Quando si avvicinava ad un Firmatore, gli metteva davanti il libretto, ma senza la penna, così quello faceva per prendere la sua e lui ingaggiava una gara di due secondi per estrarre dalla tasca della camicia la sua biro prima che il Firmatore potesse estrarre il suo pennino, in modo da porgergliela ritta tra pollice e indice mentre quello ancora si frugava nelle tasche della giacca. Una piccola macchietta che presto poté smettere di proporsi per abolire del tutto la pratica della firma.

Una mattina era ora di pranzo e le udienze erano finite, e disperando di trovare in giro un Firmatore purchessia, stava per rinunciare, quando ne scorse uno intento a leggere un pubblico proclama su certe tasse fondiarie di cui non si conoscevano gli intestatari, come apprese dopo quell'incidente, quando rimase ottuso a leggere l'avviso.

Vide questo Firmatore e gli si fece incontro libretto alla mano.

Ma il Firmatore doveva andare di fretta, ma parecchio, e lo liquidò con una battuta che gli avrebbe aperto un mondo.

"Scusi avvocato...potrebbe...?"

"No guardi, non posso, non posso proprio, devo andare…ecco...bè...faccia...faccia lei!"

Scarabocchiò una firma falsa sull'udienza del giorno e se ne tornò a casa.

Da quella volta non si fece più firmare il libretto.

Tuttavia decise che falsificare per falsificare tanto valeva farlo con stile: gli scippi dei Firmatori erano un'oscenità grafica. Quei tentativi grotteschi di ghirigoro, quelle mezze lettere da analfabeta, quegli svolazzi infantili e quei narcisismi che finivano irrimediabilmente in code di suidi. Bisognava far le cose per bene. Si mise a studiare, con accanimento eroico, i nodi vinciani. Dopo mesi di pratica fu ricompensato come meglio non poteva aspettarsi. Vennero fuori delle firme meravigliose di illustrissimi sconosciuti, assai piacevoli a vedersi e su cui mai nessuno sindacò, forse anche perché era bello credere che ci fosse gente che si firmava a quel modo.

Finì per crederlo anche lui. Era una piccola finzione graziosa in un ambiente in cui anche esistere rischiava spesso di essere non più che una finzione.

VIII

Check-inners

Con il tempo comprese le enormi potenzialità di un luogo come il PDG, un rotocalco senza scienza e senza rigore, che alimentava un tale senso dell'assurdo da procurare alle menti più impressionabili uno stupore che suscitava il desiderio di passare tutto il giorno a fissare il vetro di una finestra.

I grandi spiazzi a ridosso delle aule penali, con il pavimento plastificato e le piccole scrivanie vicino ai plessi che davano sulla strada, le invissute stanze delle cancellerie, il terrazzo dove si fumava selvaggiamente e la mistura di voci che diventava dopo un po' un unico grande basso di fondo, erano passaggi da un vuoto all'altro, da un'estraneità all'altra, da un pezzo di sole o frustata di pioggia all'altro. C'era da perdersi, da non partire mai.

E in quel paese delle meraviglie i più meravigliosi di tutti erano i *check-inners*.

All'ingresso del PDG bisognava passare un *check-in* per verificare il possesso di oggetti metallici, coltelli, pistole, bombe a mano, pentole, o anche temibilissime forchette in acciaio inox. Bisognava posare tutto su di un banchetto di bauxite mentre la borsa correva su un rullo.

Una mattina, mentre stava per oltrepassare il tornello, l'allarme si mise a suonare e gli chiesero, visto che non aveva addosso oggetti visibili di metallo, di vuotarsi le tasche. Ne vennero fuori varie chincaglierie, che ammucchiò sul banchetto. Non c'era nulla di sospetto tra i suoi ninnoli così lo lasciarono andare.

I *check-inners* costituivano il braccio secolare dell'autorità di pubblica sicurezza, di turno all'entrata. Erano contadini terribili che in un giorno remoto erano stati inquadrati nei ranghi della pubblica sicurezza, quando a voler fare quel lavoro erano solo semi-analfabeti che volevano vantarsi al bar del paese di indossare una divisa e di garantire l'ordine pubblico. Erano bestioni dalle guance rubiconde e dalle trippe sode, acquartierati su sedie girevoli per controllare dai monitor dell'entrata che tutto filasse liscio. Erano degli idioti, ma gli si voleva bene.

33

Quel passaggio obbligato all'entrata lo divertiva molto, non sapeva bene perché, forse perché quel senso di autorevolezza che quei sessantenni spingitori di bottoni colorati cercavano di incutere dietro baffoni ereditati da un'epoca perduta, li rendeva così amabili che, nel loro tondeggiare perenne, li si sarebbe detti senza tema di smentita semplicemente perfetti.

Si prodigò così, per godere quanto più della loro visione, nel salare la scena, portandosi appresso, di giorno in giorno, le cose più improbabili, amuleti egizi, soldatini di piombo, automobiline, spille da balia.

Dopo diverse esibizioni del genere, i *check-inners*, che ormai avevano ragione di credere che non si trattava di un terrorista, gli dissero, visto che insisteva con il suo lussureggiante repertorio di ninnoli, di passare pure tranquillamente dall'entrata senza sensori, riservata a giudici, avvocati, gente varia ritenuta innocua e postini. Ormai lo conoscevano.

Il gioco sembrava finito e questo lo rese quasi triste perché era la parte migliore della mattinata.

Così volle concedersi almeno l'ultima zampata.

La mattina seguente, come al solito, si presentò al *check-in*, e fece per vuotarsi le tasche, quando gli dissero che poteva passare dall'altra entrata.

Si ribellò animosamente alla concessione.

"Insisto! Voglio passare il *check-in*. Potrei bluffare e approfittare della vostra buona fede per introdurre armi e oggetti contundenti nel PDG. Anzi, non trovate ci debba essere un *check-in* anche all'uscita?"

I *check-inners*, quasi tutti ad un passo dalla pensione, dopo una vita al tornello a premere un bottone, strafatti di stanchezza e di vecchiaia, lo odiarono, ma non poterono che assecondarlo.

Si era nascosto, per smettere in bellezza il rito di quella parata neorealista al mattino, un orologio con parti in nichel nei boxer ma si guardò bene dal dichiararlo.

Così, dopo aver finto uno stato concitato di ansia per la durata eccessiva del controllo e mentre i *check-inners* cominciavano vistosamente ad annaspare – bip bip bip bip bip bip bip bip bip bip bip bip bip bip bip bip bip bip bip bip bip bip bip bip bip bip bip bip bip bip bip bip bip bip bip bip bip bip bip bip bip bip bip bip bip bip bip bip bip bipbip bip bip bip bip bip bip bip bip bip bip bip bip bip bip bip bip bip bip bip

bip bip bip bip bip bipbip bip bip bip bip bip bip bip bip bip bip
bip bip bip bip bip bip bip bip bip bip bip bip bip bip bip bip –
dopo un buon quarto d'ora disse: "Mi dispiace non ho armi."

Ma il rilevatore continuava a suonare mentre lui si vuotava
le tasche vuote continuando a negare di avere armi. Ed erano sul
punto di far intervenire la Polizia di Stato per perquisirlo, quando si
risolse a dichiarare il possesso dell'orologio. Proprio non sapeva
dire come fosse finito lì, lo portava al polso dal giorno del diploma.
I *check-inners* avevano colto la smargiassata, l'aveva fatta grossa, ma
parecchio, e sarebbero passati ben volentieri alle vie di fatto, i salaci
paesani. Era anche accorso nel frattempo, visto che la situazione si
stava surriscaldando, con lui che a stento tratteneva le lacrime, un
agente di polizia, un tipo rude con la quinta elementare, che dopo
un breve consulto con i *check-inners*, lo guardò in cagnesco.

A salvarlo perlomeno da una lavata di testa collettiva e
semi-dialettale – in fondo era pur sempre un'occasione per fare
finalmente qualcosa di diverso dopo decenni in cui, all'entrata, non
era accaduto nulla, esclusa la visione di certe bellezze slave passate
dal tornello di recente – fu un usciere padre di famiglia che aveva
assistito alla scena e conosceva tutti e fece quindi da paciere,
offrendo al poliziotto inviperito, che aveva preso a cuore la
faccenda, un caffè corretto al bar, invito, per antica consuetudine,
come sapeva l'usciere, irrefutabile. Lungo il percorso i nervi del
poliziotto si distesero, tanto che, come poté udire tenendosi a debita
distanza e dopo essersi congedato dai *check-inners* con zelo esagerato,
in modo che non capissero quel che gli diceva, il poliziotto si lasciò
sfuggire una confessione, rivelando all'usciere che la notte prima
aveva visto in sogno Padre Pio. L'usciere tacque e quel che si
dissero dopo gli rimase celato. Fatto sta che, da quel giorno in poi,
evitò il tornello principale e dopo un po' i *check-inners* tornarono a
riservargli lo stesso sguardo inebetito che riservavano al mondo.
Finì così.

Del resto, c'era da stufarsi presto anche dei *check-inners*. Si
sgravò della loro presenza confondendosi con la fiumana che
varcava l'ingresso del PDG in preda alla convulsione tribunalizia.
Per conto suo decise di lasciarli alla loro pena senza appello,
condannati com'erano a crepitare nella nullafacenza, in attesa del
Dopolavoro e del ritorno a casa, nelle camere a gas dove avrebbero
trovato ad attenderli mogli grasse e straniere e bollette e partite di
calcio e russate infinite.

Chiusa la faccenda e scampato al linciaggio, raccattò poi la presenza in udienza, e non trovando di meglio da fare, salì al Terzo Piano, dove c'era la Corte d'Appello. In una stanzetta nei pressi di una delle aule si scelse una comoda poltrona giallo oro in pelle borchiata e si mise ad ascoltare il suono dei vari tacchi di donna che cadenzavano l'andirivieni da un corridoio all'altro.

Favoleggiò per conto suo di studi da avvocato con scrivanie enormi in mogano e poltrone frau…

A mezzogiorno in punto decise che poteva bastare e andò in bagno, dove, fischiettando sommessamente *Straingers In The Night*, orinò copiosamente nel lavandino.

IX

Joy Division

Una notte non riusciva a prendere sonno. Provò con il *Mosè in Egitto* sperando in un qualche deliquio musicale, ma non c'era verso.

Se ne stette a letto immobile, come paralizzato, finché non decise di simulare un attacco di cuore. Lo fece così, senza pensarci.

"Sto per avere un infarto! Sto per avere un infarto!"

Istantaneamente gli venne in mente che doveva subito fare l'elenco delle cose che non avrebbe più potuto fare, per decidere se valeva la pena continuare nella simulazione, provare a prendere sonno o buttarsi dalla finestra.

Trovò, nell'inutile sabbia delle faccende che lo riguardavano, un proposito che aveva a lungo rimandato e che ora risorgeva prepotentemente, tanto da fargli optare per un rinvio della pratica suicidale e per una momentanea rinuncia allo stato simulatorio. Si trattava di Erasmo, di un libro su Erasmo che aveva intenzione di scrivere e che gli sembrò l'unica ragione per vivere. Farfugliò sottovoce "Erasmo...il libro su Erasmo..."

Detto questo spirò.

La mattina dopo si presentò in tribunale che aveva gli occhi pesantissimi e, per evitare la ginecologia degli sguardi dei frequentatori del PDG, si era messo un paio di *rayban* neri sproporzionati rispetto al suo volto, rammaricandosi soltanto di non aver abbastanza coraggio per tenerli su anche durante l'udienza.

Nell'atrio, al Piano Terra, c'erano già i falsi testimoni in attesa.

Erano come i militari – per quanto non volessero che sembrare gente comune, non potevano che essere additati per quel che erano. Non c'era scampo. Di mestiere facevano quelli che dicevano quello che non avevano visto. Del resto anche ai testimoni veraci spesso non veniva concesso credito e addirittura qualcuno era stato così maldestro da farsi querelare per falso.

Aveva un'udienza al Quinto Piano, sezione lavoro, cui presenziò distrattamente fingendo di studiare il fascicolo della causa. C'era un ricorso per annullare la graduatoria di una selezione

concorsuale: i poteri provinciali avevano attivato le proprie conoscenze per far fuori il candidato di turno, troppo qualificato per meritarsi un lavoro, e far passare chi di qualifiche ne aveva meno ma era tanto volenteroso. Il candidato di turno lo sapeva, ma aveva voluto provarci lo stesso e aveva citato un testimone che poteva deporre circa le pratiche non ortodosse cui si era fatto ricorso durante le prove concorsuali, come la dazione *brevi manu* dell'elaborato bell' e pronto al candidato volenteroso, durante la prova scritta, da parte di un dotto commissario presente in sala e la formulazione, durante la prova orale, di domande non attinenti agli argomenti prefissati e che viravano palesemente verso temi meteorologici o culinari. Il teste dichiarò di aver visto tutto e di non aver creduto ai propri occhi e orecchie. Forse il giudice gli avrebbe creduto, forse no, molto dipendeva dalla difesa del candidato volenteroso, che poteva contare su un avvocato di grido che avrebbe orchestrato in maniera certamente impeccabile l'ennesima farsa processuale, chiamando in causa testi a discarico che avrebbero fatto il loro mestiere. Dipendeva però anche dall'abilità e dalla fortuna della controparte. Cincinnato disse infatti che una certa dose di fortuna era sempre desiderabile nel corso delle cause, soprattutto in cause come quella, in cui stare dalla parte di chi aveva ragione non era una garanzia di vittoria: fortuna che il giudice si formasse un convincimento davvero libero e oggettivo, perché anche i giudici simpatizzavano, fortuna che l'altro avvocato sbagliasse qualche mossa, fortuna che non ci fosse da mandare avanti la cosa per anni e anni. Il punto era che certi poteri provinciali erano il più delle volte inesorabili, circostanza che, qualche ora dopo, quando fu tornato a casa, lo portò a telefonare a Galilei:

"Caro Dottor Galilei, lei si occupò della natura e fece bene. Lei disse che la natura non si vince e disse bene. Ma io ho a che fare con gli uomini, per quanto di sbieco, perché per quello che posso me ne tengo lontano, nonostante la frequentazione che ne faccio per dimenticarmi di me stesso con la scusa del consorzio social-professionale. Ebbene, imparo che anche certe umane nature non si vincono. E le leggi umane che ne scrivono il libro non conoscono rigore alcuno se non quello di rendere quadro ciò che è tondo. Ora, il mondo è tondo. E questa inesorabilità alla rovescia non si vince. Né mai s'è vinta".

Fu fin troppo facile afferrare i termini della questione in quella causa, perciò vagheggiò per la stanza del giudice finché non fu ora di andarsene e firmarsi il libretto.

Prima di tornarsene a casa fece una sosta al Fumatoio del Quinto.

Per raggiungere il Fumatoio bisognava percorrere l'atrio del Quinto Piano, poi un breve e stretto corridoio, infine si arrivava a una porta di vetro che si apriva sul terrazzo. Lì si fumava, si parlava, si guardava di sotto, d'estate si prendeva il sole.

Il Fumatoio del Quinto era uno dei posti che preferiva. Ci sarebbe andato spesso. Dava sul parcheggio e sulla strada che costeggiava l'ingresso principale del PDG.

Da lassù si potevano distinguere un certo numero di mosche umane, le auto, gli autobus e qualche pino. Guardando di sotto pensava che, semmai gli fosse venuta voglia di buttarsi, poi non sarebbe più tornato e questo lo avrebbe privato del piacere di riferire il tentato suicidio a Sylvia Plath. Quindi non si buttò mai.

Il Fumatoio era anche un luogo per fissare appuntamenti erotici servendosi delle colonne che reggevano la copertura in acciaio del terrazzo.

Quella mattina c'erano al Fumatoio due avvocati omosessuali che si davano da fare, come poi verificò, a scrivere i loro numeri di telefono sulle colonne, accompagnati da brevi indicazioni sulle competenze acquisite e da glosse del tipo "come da intese" o "in fondo tutto è *de residuo*".

Lo facevano così, senza curarsi di chi c'era o di cosa poteva pensare.

Uno dei due lo scorse e, uscendo gli diede a parlare:

"Lei è un avvocato?"

"Sono un praticante."

"Ah...bè, la turba quello che facciamo? "

"Cosa fate?"

"Ci piacciono gli uomini e lasciamo sulle colonne i nostri numeri di telefono."

"No, non mi turba. Nulla mi turba. È solo un po' insolito."

"La giudica la cosa più insolita qui?"

"Nel PDG intende?"

"Nel PDG."

"No, niente affatto."

"E cosa giudica più insolito?"

39

"Quello che sto per andare a fare."

"E cosa sta per andare a fare?"

"Vado nella *toilette* a seguire il vostro esempio."

"Lei è omosessuale?"

"No, agli appuntamenti miei non viene nessuno."

"E che genere di appuntamenti sono?"

"Appuntamenti al nulla."

"Interessante. Per esempio?"

"Passi dopo dal *Joy Division* e vedrà."

"E che sarebbe il *Joy Division*?"

"Il nome che ho deciso ora di dare alla *toilette* del Quinto Piano."

"E cosa andrà a scrivere sulla pareti della *toilette*?"

"Appunti."

"Ma non erano appuntamenti?"

"È lo stesso."

"Cioè?"

"Gli appuntamenti sono ipotetici. Come gli appunti. La loro sorte ci è ignota."

"Capisco. Passerò. Ora devo andare in cancelleria."

"Va bene, la saluto. Passi pure quando vuole."

Si recò così alla *toilette* del Quinto Piano.

Per l'inaugurazione del *Joy Division* appuntò sulla parete sopra il lavandino:

Dalla morte estetica del diritto alla morte giuridica di ogni estetica.

Era abbastanza per la mattinata. Anche troppo.

X

Vanette

Secondo Piano. Udienza penale.

Era costume consacrato dall'uso patteggiare a oltranza in sede penale, quando possibile. Patteggiavano tutti. In continuazione.

Il 'patto' in sé lo disgustava. Gli faceva pensare ai consorzi agrari. Così finiva per borbottare, tra i banchi dell'aula, che almeno qualcuno di quegli sciagurati supplicasse l'ergastolo per il più banale dei furti. Perché, del resto, usciti dall'aula, dove andavano? Al bar-carcere, alla casa-carcere, al supermercato-carcere, al biliardo-carcere, e il giorno dopo ricominciavano, da un carcere all'altro. Per tutta la vita. E si sposavano anche. E mettevano al mondo dei figli anche. Condividevano carceri e ne preparavano per altri poveri diavoli.

Carceri carceri.

Quella mattina si trattava di una faccenda di schiaffi.

Un tizio aveva schiaffeggiato un altro tizio, ma parecchio, perché lungo un tratturo di campagna, nella radura incendiata dal sole, non si era fatto da parte per cedergli il passo. Lesa maestà tra campi di stoppie. L'odore dello Jonio filtrava da lontano nell'entroterra, in una zona incastonata nei bassorilievi delle rocce e delle pietre dalla forma sfalsata, che immobilizzavano un mondo in cui gli uomini imparavano l'arte degli addii tra la vita immemore delle cittadine screziate di palazzine e i campi infiniti dove il verde, l'arsura e il fiume regalavano un oblio di eclittiche, dove tutto era silenzio o fulmine o pioggia o verbigerazione. Così l'uomo dello

schiaffo non era un reo, ma un esponente di quel regno arcaico, che transitava, ignaro e stupito, nelle aule del PDG, una goccia d'essere nella perfezione del non-essere che era dei campi, delle rocce, dello Jonio profumato.

L'avvocato dell'uomo dello schiaffo propose il patteggiamento, a che serviva tirarla per le lunghe, dal momento che tutta la vita non è che uno schiaffo. Lo udì proferire queste parole davanti al giudice, che gli rimproverò il tenore esistenzialista dell'affermazione, ma solo per ossequio al ruolo che rivestiva. In realtà era d'accordo, non poteva che essere d'accordo, venendo dagli stessi campi, dallo stesso odore jonico da cui provenivano l'avvocato, l'imputato, l'offeso e i vecchi col bastone citati come testi. A Cincinnato e all'offeso andava più che bene, per cui acconsentirono.

L'avvocato dell'uomo dello schiaffo era di origini francesi, si chiamava Vanette ed era un uomo completamente inetto per le faccende pratiche, ma con un atteggiamento nei confronti del diritto penale che ricordava i criminologi dell'800, quelli che facevano tacere il verbo divino quando si trattava di interpretare i fatti e gli atti giuridici. Cincinnato diceva che era un discreto penalista, ma che sarebbe stato il migliore, se non si fosse lasciato sempre andare a certe derive filosofico-poetiche che non erano certo buone per tutte le stagioni. Perciò molte cause le perdeva, perché con un atteggiamento da tenore snocciolava conclusioni operistiche, perlopiù melodrammatiche, con cui poteva suscitare una certa empatia nei giudici, ma non un loro convincimento favorevole alle sue elucubrazioni.

Chiese a Cincinnato come mai uno così si ritrovava a fare quel mestiere. Cincinnato gli spiegò che Vanette aveva subito un grosso trauma quand'era giovane, non si sapeva bene cosa gli fosse capitato, si parlava di una disgrazia avvenuta in mare, ma nessuno, ammesso che si fosse trattato di questo, era in grado di dire di più. Sta di fatto che, da allora Vanette fu preda di attacchi letargici sempre più frequenti. Poi d'improvviso guarì e sparì, tornando con un titolo da avvocato. Ma il sonno gli era rimasto dentro, così, invece di addormentarsi come e dove gli capitava, perorava cause impossibili e difendeva i propri assistiti con argomenti che centravano il punto solo raramente, ma abbastanza spesso da consentirgli di essere consultato da piccoli criminali che scambiavano il suo vagheggiare per perizia. Del resto, qualche volta

vinceva. Forse quelli che si rivolgevano a lui avevano dentro lo stesso sonno, lo stesso oblio. In fondo Vanette difendeva nessuno e perorava l'oblio, non gli importava neanche granché di vincere le cause o di accontentare i clienti. Faceva l'avvocato così, senza pensarci. Si diceva che Vanette fosse solito trascorrere lunghi periodi in piccole baite di montagna, circondato solo da suoni e colori. Dimenticava termini e scadenze e si ritrovava così lui stesso ad essere citato per danni. Le esecuzioni forzate lo avevano privato di quasi tutto quel che possedeva, ma non sembrava importargliene molto. Era come se lavorasse in perdita. Come se morisse alla professione che si era scelto. Prima o poi, disse Cincinnato, il cerchio si sarebbe chiuso e della sua professione, come della sua vita, non sarebbe rimasto più niente. Ma forse a uno come Vanette non importava nulla.

Venette non era un Firmatore, ma fece finta di non saperlo e con la scusa del libretto da vistare, gli si avvicinò penna alla mano. Naturalmente Vanette gli fece cenno di non essere uno di quelli. Ma fece in tempo ugualmente a scambiarci due parole.

"Comunque volevo complimentarmi con lei per il suo stile."

"Il mio stile?"

"Sì."

"Bè, quando non se ne ha nessuno, li si possono avere tutti."

"Proprio vero. Secondo lei ce n'è, di stile, qui nel PDG?"

"No, solo il mare ha stile. Il mare, il mare, il mare."

Così disse e se ne andò agitando un braccio nell'aria.

Lo incrociava ogni tanto nel PDG ma non provò più a parlarci. Pensò che uomini come Vanette potessero essere frequentati solo lasciandoli soli. Ogni tanto chiese notizie circa il suo passato, ma non ne ricavò nulla. Vanette era, tra quelli che gorgheggiavano intorno al Maelstrom, uno dei più enigmatici, uno spirito affine a quelli che Delacroix amava ritrarre, un po' smembrati, un po' assenti. Conduceva quest'esistenza aerea dove nulla contava veramente se non andare via col vento.

Lo incluse nel ristretto circolo dei suoi compagni d'addio.

Vanette, il sonno, il mare e l'addio.

XI

Boscuccelo e Tolstoj

Boscuccello si vedeva e non si vedeva. Aveva un ascensore privato sul retro del PDG, che lo portava al Quinto Piano, dove aveva la sua stanza e dove trascorreva gran parte del tempo a ripetersi: "Alle cose stesse!"

Mentre portava avanti la sua fenomenologia dell'abbandono, sfaccendati fotografi restavano assiepati all'uscita e nei pressi del tribunale. Boscuccello stava ancora conducendo la sua inchiesta sugli ultimi ritrovati della Catodica, così il giornalismo d'assalto rimaneva acquartierato in attesa dell'arrivo di qualche celebrità implicata in traffici ambigui, che, ai tempi, erano l'attrazione principale di un mondo sclerotizzato che lanciava le sue ultime schegge nel Maelstom della provincia. Era una parata singolare, che truccava il rimestarsi dell'inconcludenza giuridica e professionale con bistro e belletto. La provincia era questo fortino di amalgamisti che cercavano di lucrare alla meno peggio sulle vicende umane di assistiti di vario ordine e grado e di faccendieri che si erano spinti troppo oltre nel profittare della bulimia del pubblico incolto, che reclamava corpi, corpi veri, corpi finti, poco importava, e denaro, soprattutto denaro.

La Catodica non mollava. Massaie e disoccupate con ancora qualche strascico di gioventù da investire, sognavano un avvenire facile, per sfuggire alla morsa del tempo lento e ingrato della provincia, che concedeva non più che lunghi e annichilenti giorni di compere quotidiane, cenoni e cenette nei giorni buoni, cibi ripassati in quelli peggiori e poi matrimoni e figli per fare qualcosa. Non le si potevano del tutto biasimare quelle massaie e quelle disoccupate, ma il loro desiderio era solo un altra tessera del mosaico fatuo approntato dall'epopea scaduta del benessere, che alimentava miti di gommalacca e soluzioni facili al problema della vita. Era tutto un gran cianfrusagliare tra l'umano e tutto il pentolame tutto: il tacchettame che fingeva di disdegnare le aule del PDG, era un miscuglio di strame post-storico e rumore sordo di scodella che cade. Deambulavano, le modelle. Ghignavano i papponi. E il

pubblico sognava sogni di cartone, li bramava, voleva vincere lo Jonio.

Boscuccello interrogava, disponeva intercettazioni, fingeva di interessarsi al suo lavoro.

Non gli importava nulla di quel via vai ed esercitava le sue funzioni di magistrato sostenuto da un lassismo quasi ideologico. Nei rari momenti in cui poteva concederselo, fissava i palazzi e le antenne della televisione dalla finestra della sua stanza. Aveva imboccato ormai il viale del tramonto, lungo il quale, finalmente, si capisce che non c'è niente da capire e ci si rammarica un poco perché non ce ne si è resi conto prima, al tempo delle domande, delle inquietudini, dei sabati da riempire, delle speranze che condiscono gli studi, dei giorni in cui si è occupati da mille cose mentre il tempo si fa beffe della prosodia umana.

Ora sapeva. Aveva smesso di lottare per il riconoscimento, e sebbene qualcuno lo accusasse di servirsi delle inchieste giudiziarie per farsi pubblicità, Boscuccello in realtà vedeva dinanzi a sé solo un finale alla Ivan Il'ic. E intanto pandettava tra i codici, aveva anche lui i suoi diversivi.

La pratica legale era un affare gelido. Che compensava però la caustica inconcludenza dei suoi propositi e delle sue messe in atto. Scriveva bigliettini contro la nobiltà del lavoro e li infilava tra i tergicristalli delle auto di tutto l'isolato oppure, quando era a casa, teneva comizi su uno sgabello dal quale inveiva contro i maestri della musica classica. La pratica aveva almeno un copione. Lui non ne aveva alcuno e lo si vedeva inchinarsi a bellezze di passaggio come a un ricevimento di fine ottocento. Borbottando, giocherellava con i fascicoli e i faldoni, che spostava da una scrivania all'altra nell'attesa che arrivassero gli avvocati, nell'attesa che arrivasse il giudice dell'udienza, nell'attesa, forse, che il mondo crollasse una buona volta, per non prendersi nemmeno la responsabilità di crollarsi per conto suo, anche se i pezzetti di morte che andava man mano accumulando almeno bilanciavano la dipartita immediata.

Naufrago. Naufrago era anche Boscuccello. Entrambi incapaci di vendicarsi di se stessi, battevano l'ora, si aggiravano come sonnambuli, si scarnificavano e così procedevano, camminando nell'acqua.

XII

Cause atomiche

Borbattando "No, Diogene, non credo proprio, non credo proprio che sia così, non credo proprio che sia così come dici…" attraversò le piccole geometrie che accorpavano l'atrio del Piano Terra, il bar e l'edicola, camminando sulla luna e gloriandosi degli svolazzi della sua lunga giacca di pelle nera, che lo rendeva decisamente fuori luogo, come uno che fosse andato ad un *meeting* sullo sviluppo sostenibile vestito di *cellophane*. Non lo faceva per attirare l'attenzione, aveva altri canali per l'intrattenimento, soprattutto il suo. È che, nella perenne smemoratezza riguardo a dove si trovasse e perché, anche quando era a casa, anche quando vagava per le strade, anche quando tornava a casa, occhiuto, bianco come un fantasma e stanco di niente, si vestiva con quanto potesse fargli compagnia, una giacca lunga, che se ne va con il vento e con le ombre, una giacca lunga di pelle, doppiopetto, che se ne va con il vento e con le ombre.

Decise di prendere l'ascensore. Era in vena di borbottii, perciò mugugnò frasi incomprensibili, che gli avvocati scambiarono per il ritornello di qualche canzonetta, qualcuno parve prestare persino attenzione per indovinare il motivo, giusto per sfaccendarsi il cervello prima di affrontare le camere in disordine del Quarto Piano.

Al Quarto Piano c'era la sezione civile.

Le cause civili lo disgustavano. Non era come alla sezione penale o alla sezione lavoro. Non c'era in gioco l'essere o l'avere.

Non c'era, al Quarto, la patologia esistenziale che conduceva al crimine, quando pure di bassa lega, che portava un essere umano a confrontarsi con la definitività di un gesto, con qualcosa di non ritrattabile, essendo ormai il fatto compiuto per sempre ed essendo il procedimento penale soltanto una sequela di atti con cui si cercava di rendere ragione di una devianza e di far pagare all'autore le conseguenze di una messa in scena che, nelle sue radici profonde, aveva dell'inspiegabile. I begli occhi del ladro erano inspiegabili e l'omicidio un'interruzione del corso ordinario delle cose, che spezzava il divenire di una vita. Ma il criminale decretava

arbitrariamente il corso di una vicenda umana o di più vicende, oppure la loro fine e in questo partecipava dell'insondabilità della vita. Non assisteva ai processi con gli apparati dell'etica, che rendeva tutto comprensibile, poiché bastava schierarsi, al massimo cogliere sfumature e circostanze. Gli interessava invece il deliquio del dover essere in una sfera immemore, dove si consumava l'assurdità dell'esistenza. Cos'era un crimine se non un'espressione grande o piccola di quell'impossibile venire a capo dell'uomo, del suo comparire, del suo nascere e morire, del suo darsi regole per non annientarsi e del suo distruggerle per alimentare il buio, un buio tutto e solo suo, il buio infinito della sua provenienza e della sua destinazione? Nelle aule penali si scorgevano brandelli di tutto questo, strascichi di una imponderabilità, il cui spettacolo migliore era dato dal vano tentativo di ripristinare un ordine inesistente e fittizio nella convivenza tra i membri di una qualche cosiddetta comunità.

Non c'era, al Quarto, lo strazio del lavoro, un mutuo di trent'anni contratto con il Datore di lavoro, da restituire con gli interessi della vecchiaia, della malattia e della stanchezza, in cambio di una manciata di ferie, un'auto acquistata a rate e una casa in cooperativa con altri disgraziati che sogneranno con la Catodica una vita diversa che non avranno mai. Era questo il fondo comune da cui nascevano le liti giudiziarie. I licenziamenti, i pensionamenti, i contributi, la previdenza, l'assistenza, gli stipendi non pagati, il fallimento delle imprese. Tutte le cause di lavoro erano tessere di un Infortunio Generale chiamato progresso, riscatto sociale, produttività, benessere. Al prezzo della vita. L'Emittenza Grigia aveva poi sciorinato soap-opera e programmi televisivi che assoldavano le povere menti degli operai e dei ragionieri del catasto e di qualche intellettualoide che li schifava per registrarseli e vederseli di nascosto, per ottenebrarne la capacità critica con il vino dei colori variopinti, con qualche coscia e qualche belloccio che accontentavano mariti che si grattavano sotto le ascelle e casalinghe con i bigodini per sempre. Strafatti di lavoro, o di non-lavoro, mediocrizzati una volta di più dalle manovre catodiche, queste formiche del prodotto interno lordo chiedevano due o tre cose e accettavano tutto. Così tutto si poteva chiedere agli sciagurati e tutto i più furbi potevano escogitare, finché il sistema non scoppiava e ci scappava il morto o la frode o la concussione, scoperte perché giunte al livello del fatto notorio e non più

insabbiabile. Questo era la sezione lavoro, la nave dei folli nella tempesta, il naufragio organizzato che vedeva i giudici basiti e i ricorrenti distrutti dagli anni e da poteri a cui non s'era detto di no o da qualche salace figlio di puttana, il che poi era lo stesso. Non c'erano che rimasugli del tentativo disperato di collocarsi nel consorzio sociale, per appropriarsi di una quota del saldo di bilancio aziendale e aspettare la gita fuori porta, nell'ingranaggio bestiale che scandiva il vangelo della modernità. Produci, consuma, crepa. Produci, consuma, crepa. Produci, consuma, crepa. Produci, consuma, crepa. Produci, consuma, crepa. Produci, consuma, crepa. Produci, consuma, crepa. Produci, consuma, crepa. Produci, consuma, crepa. Produci, consuma, crepa. Produci, consuma, crepa. Produci, consuma, crepa. Crepa. Crepa. Crepa. Crepa.

Alla sezione civile, invece, si vantavano pretese, si apponevano confini, ci si impelagava in storie di proprietà, di possesso, di condomini. Faccende, insomma. Faccende di ordinaria amministrazione che avevano il solo pregio antropologico di rivelare, per la gioia degli avvocati, l'insocievole socievolezza umana.

Tuttavia, trovandosi spesso nella condizione di dover assistere a una di queste liti dove s'era rotto l'ascensore del condominio e quello del piano terra non voleva partecipare alle spese, dovette, per non soffocare, trovarvi qualcosa, anche perché non sempre era dato di starsene in un angolo col libro in mano presente assente.

Capitava, in effetti, che ci si desse battaglia in quelle che aveva soprannominato 'cause atomiche'.

Le 'cause atomiche' erano quelle dove ci si sforzava, ma parecchio, di tendere a zero. La tensione a zero consisteva nel saper rendere conto e difendere diritti risarcitori per lesioni infinitesime: un graffio sul cellulare, una macchia di caffè sul quaderno, una biro che non scriveva, divenivano motivo del contendere. Il tribunale, per loro mezzo, si santificava nell'infinitamente piccolo. Nessuno sapeva dire con precisione da dove nascesse questo filone giurisprudenziale che difendeva i diritti all'incolumità minima di cose e persone, ma si vociferava che una non meglio individuata 'corrente dei tredici' avesse prodotto la diffusione di questo orientamento che, così si diceva, mirava a ricostruire l'essenza perduta della cosa giuridica attraverso quella che veniva definita un'operazione igienica, un ritorno al fatto giuridico scevro di complicazioni e cavilli cervellotici. Riuscivano, peraltro, quelli della

corrente, a convincere anche i lesi a citare in giudizio i responsabili, nel che consisteva la loro genialità. Frequentavano bar, centri studi, e tutti i luoghi affollati dove c'era la possibilità che una disattenzione o uno scherzo o un piccolo gesto di stizza potessero far sorgere una pretesa risarcitoria di quel tipo. L'altro aspetto geniale della faccenda era che questi avvocati riuscivano poi ad ottenere risarcimenti ben oltre una qualche obiettiva previsione: puntavano su qualunque cosa, sul valore affettivo, sui danni all'equilibrio psico-fisico del danneggiato, sull'imperizia inescusabile degli imbranati, su tutto. Con poco, pochissimo, ottenevano, lavorando sulla quantità, emolumenti degni di nota. Uguagliarli era difficile, quasi impossibile. Ce n'erano solo tredici in grado di imbastire cause del genere. Erano l'unica attrazione disponibile alla sezione civile.

Si informava in cancelleria sulle cause di questo genere, chiedendo di esaminare i fascicoli accatastati negli armadi. I cancellieri acconsentivano sempre, senza verificare se ne avesse titolo o meno, avevano altro a cui pensare. Così, anche se non erano cause per cui il suo *dominus* aveva ricevuto mandato, presenziava in quelle udienze e si godeva lo spettacolo.

Da quelle udienze prese spunto per istruire lui stesso delle 'cause atomiche'. A casa sua, di notte. Vi figurava come giudice e le parti in causa erano uomini illustri e artisti di secoli passati. Nel suo caso lo zero era rappresentato dall'inconcludenza della discussione. Non si doveva, per principio, arrivare da nessuna parte e il tutto era costituito soltanto da scaramucce tra uomini finiti nei libri di storia.

Aveva scritto dei nomi su bigliettini di carta e li aveva infilati in un bussolotto. Estraeva a sorte le parti. Così non sapeva mai in anticipo con chi avrebbe avuto a che fare. Anche i fatti di causa gli erano ignoti e lasciava che il motivo della contesa emergesse da sé. Le parti esponevano oralmente le loro ragioni per bocca sua. Attendeva così di essere parlato ora dall'una ora dall'altra parte, attraversato da un flusso di parole che pronunciava senza essere coinvolto, in stato di oblio. Era, in fondo, un esercizio di dimenticanza, per questo l'esito non era previsto, perché le 'cause atomiche' procedevano attraverso iscrizioni al ruolo secolari, che spuntavano fuori durante le notti in cui eleggeva se stesso a simulacro della voce narrante, divenendo di volta in volta questo o quell'altro personaggio, a seconda del suo attuale stato di dispersione, che decideva per lui con chi vedersela quella notte. Era

un processo automatico, che cominciava in qualche altrove che non si curò mai di investigare. Nulla era la sua vita, nulla era ciò che ne veniva prodotto, nulla ciò che attraverso essa si produceva. Le 'cause atomiche' non erano che l'ennesimo esercizio solitario di verbigerazione. Si andava, di notte come di giorno, così, falliti per sempre nell'azione o azionandosi nell'oblio.

Gli capitò per prima una 'causa atomica' tra Michelangelo e Leonardo.

"Vedi Michelangelo, il guaio è che sei troppo calligrafico: guarda come hai disegnato quei polpacci! Ecco, vedi, questo tratto di sanguigna, qui, proprio qui, non va bene non va proprio bene! È di troppo! È insopportabile! Voglio essere risarcito perché hai preso spunto da me e l'hai preso male!"

"Ah si? Te lo do io il risarcimento, necrofilo!"

"Necrofilo a me? Ma se mi devi ancora i soldi che ti prestai per pagare quel becchino!"

"Quale becchino?"

"Quale becchino dice! Quello che hai assoldato per metterti a disposizione i cadaveri da sezionare e disegnare sui tuoi taccuini!"

"Solo una volta solo una volta! Poi ho sempre fatto a memoria. E comunque non ricordo di averti chiesto dei soldi!"

"Ottimo! Così ora mi dovrai risarcire due volte, una per il debito contratto e non adempiuto e una per avermi copiato male il tratto!"

"Impugno e contesto la tua pretesa e la sanguigna resta dov'è!"

"Perdio! Voglio essere risarcito! Voglio essere risarcito! Voglio essere risarcito! Voglio essere risarcito! Voglio essere risarcito! Voglio essere risarcito! Voglio essere risarcito!"

E così via per ore.

Quando arrivava il momento di lascare la parola agli avvocati si era ormai fatta notte fonda e si addormentava sistematicamente, battendo forte la fronte sulla scrivania. Si addormentava, stonato dalla botta e dal sonno e della causa non si sentiva più parlare.

Svanivano, le 'cause atomiche', nel sonno. Il sonno di secoli lontani calava sul mondo e, carico di un' eredità immemore, il giorno seguente era solo un altro giorno. Del resto, forse, il PDG, la Catodica, gli avvocati, i giudici, i praticanti. Tutto non era altro che un Grande Sonno.

Mauro Savino

XIII

Morte in ascensore

Tra i libri che si portava dietro sceglieva, di tanto in tanto, certi scritti controversi come *La vera storia di Gesù Cristo* di Artaud. Profittando del richiamo del titolo, li apriva, sempre a un centimetro dal naso, in ascensore.

Sperò sempre che qualcuno ne prendesse spunto in *qualunque* modo. In quell'ascensore o in un altro. Non successe mai, almeno in sua presenza. In genere erano tutti troppo soddisfatti della propria esistenza e si inventavano dei dispiaceri per apparire degni di parlare delle disgrazie altrui. In tasca la provincia stracciata e caramelle bonarie. Quello degli ascensori era un mondo dietro al mondo, una parentesi densa tra il Piano Terra e il resto, dove si condivideva la vita in forma di *spot*, data la brevità del tempo a disposizione ed erano virate sulla sera prima, sull'almanacco del giorno dopo, sulle strategie difensive concordate con gli avvocati di parte attorea e qualche scambio di indirizzi. Densità e dansità sublime delle bagattelle.

Tra gli "Ah sì...", "Bè certo...", "Come no...", "D'altra parte è così... ", "Massì aggiustiamo in qualche modo...", "Te l'avevo detto io...", spuntavano fascicoli e fogli e penne e cravatte e camicie nuove di zecca e tutto sembrava doversi concludere in quei pochi secondi. Gli ascensori erano una tuttità ineguagliabile, che accorpava il riso nervoso, la smorfia e l'intento di risolvere tutto alla svelta che poi c'era da andarsene a frugare nel resto della mattinata. E allora, teso come un'asta piantata in un campo deserto, tirava fuori questi libelli e si schermava, nascondendosi il mondo tra le vertebre doloranti e a tratti scattava, come se le stesse fotografando con il corpo, le pareti dell'ascensore, i volti, le mani, e apriva e chiudeva gli occhi per trasformare tutto in una miriade di istantanee come un vecchio cortometraggio in bianco e nero e in pochi secondi il metallo dell'ascensore deliquiava come un campo russo. Tutto era sovrabbondanza, immagine e sovrabbondanza. Qualche volta ebbe la netta sensazione che i libri gli stessero cadendo dalle mani, alienato fino a non esistere più, in preda al martirio, avrebbe

voluto, specie nelle mattine d'estate, lasciarsi andare con la testa reclinata all'indietro, anestetizzato per sempre, tra le stelle.

Poi l'ascensore si fermava e lui aveva vissuto la sua esistenza di farfalla. Ora varcava la soglia dell'altro mondo, del paradiso delle farfalle. Per alcuni secondi ogni rumore era un battito d'ali di farfalla. Poi la ruota dentata del tribunale ricominciava a stridere, la trappola del commercio umano ricominciava, dopo la morte in ascensore.

Volle riservare solo a se stesso, nei momenti più ispirati, la propria morte in acensore.

Decise così di appuntare l'indelebile sulle pareti ascensoriali.

Prendeva l'ascensore dietro i plessi dell'atrio al Piano Terra, al confine del fumo che avvocati e praticanti inviavano *sursum* verso i piccioni.

In genere era poco o per nulla frequentato. Questo gli dava modo di conficcare nel breve coma dell'ascensione le formule che andava elaborando nel mentre stesso in cui le scriveva o quelle che copiava dai libri, più o meno a casaccio.

Scaduto. M. Eden

Cominciò con questo.

Erano scritte minuscole, a pennarello, come quelle che i gay lasciavano nei bagni o sul terrazzo. Erano un esercizio di disfacimento. Erano la ferita acrilica nella carne buia del passeggiatore colto sempre di spalle in una spirale di foglie, flaubertiano e disperso come un novembre lacerato dalle ringhiere e delle sere e delle notti in case come spelonche con la televisione che prende solo un canale immaginando godurie tra i cani che latrano in lontananza e i fochisti che tornano, lontano il pensiero fallita la giovinezza imbalsamata la carne la carne soprattutto in quelle notti da incubo che il vento soffia e schiaffeggia la pioggia e le finestre dei balconi si ovattano di condensa e la morte poggia le mani su un manico di scopa, drogata e ottusa come una mandria di cavalli ottusi e immobili nel tramonto.

XIV

La tentazione di Boscuccello

Boscuccello amava e odiava le finestre, ma non poteva farne a meno. Da tempo in *overdose* da finestre, escogitò un diversivo contro il paesaggio che occhieggiava di lontano come un velluto che sfumava sotto il sole.

Decise di organizzare un dibattito per soli praticanti e invitò un esorcista rumeno. L'esorcista doveva liberare i presenti dai demoni del Maelstrom. L'intento di Boscuccello era ambizioso e impossibile, ma aveva compreso che porsi il problema della riuscita non aveva senso, perché il mondo era un cespuglio e il tribunale poteva essere una spruzzata di zolfo sul cespuglio, zolfo né buono né cattivo, solo diffuso, come diffusa era la legge. E alla legge nessuno poteva sfuggire, poiché essa sopravviveva ai suoi portatori. Ritenne quindi di far praticare un esorcismo sui praticanti, che, anche se per poco, li rendesse preda di uno smarrimento in cui il giusto e l'ingiusto, il rigore e la sciatteria divenissero pari all'importanza di una crepa nel muro. Ci sarebbe poi stato un ritorno alla consuetudine tribunalizia, ma per un'ora o due essi sarebbero stati la ragazzetta mandata a studiare in un collegio privato sapendo che, per peccare, ci sarebbe stato sempre tempo.

Per sé Boscuccello ne avrebbe ricavato una mesta deviazione dal coacervo di Catodica, da carte processuali e solitudini da uomo che se ne sta sotto una grondaia a dicembre a guardare la neve che cade. Lui era già da tempo fuori dai giochi, perciò non gli occorrevano fertilizzanti.

Pensò a lungo a quale potesse essere il titolo giusto per il dibattito. Andò da "Spararsi, forse. A proposito di certe inconcludenze esistenzial-giuridiche" a "Il ruolo dell'omosessualità nella produzione giuridica", da "Il regime fascicolare nell'epoca della modernità sconclusionata" a "Perché incoraggiarsi. Il praticantato e la riproducibilità del dolore nel contesto dell'annichilimento professionale". Di nessuno di quelli a cui aveva pensato fu soddisfatto, finché, dopo giorni e giorni, trovò il titolo che faceva per lui: "La pagina bianca. Il rollio del PDG e la gloria

delle stanza vuote. Come smarrire il gorgo. Ore 10.00. Aula Carrara. Quinto Piano. *Invito rivolto ai soli praticanti. Segue esorcismo.*"

L'avviso fu affisso al Piano Terra e suscitò molto scalpore, soprattutto tra gli avvocati, che la considerarono la bizzarria di un magistrato che aveva sbagliato mestiere. Inoltre, essendo stati esclusi dal dibattito, gli avvocati reagirono con una certa stizza: quella specie di Socrate surrealista con la toga voleva forse screditare il PDG e la classe forense? In più voleva praticare un esorcismo non si sa bene da cosa. Una stramberia senza precedenti. Ogni *dominus* chiese al proprio praticante, qualora avesse deciso di partecipare, di riferire, a dibattito chiuso, su quanto fosse avvenuto in aula. Alcuni proposero ai propri praticanti di registrare segretamente l'audio del dibattito e di farglielo poi ascoltare. Tra i praticanti ci fu una mobilitazione generale, soprattutto a causa del promesso esorcismo.

Boscuccello, che aveva previsto la curiosità degli avvocati e le loro manovre, chiese ai praticanti di tenere assolutamente nascosto quanto si sarebbe detto nel corso del dibattito e incaricò un pubblico ufficiale di perquisire i partecipanti per verificare la presenza di dispositivi per registrarlo. Qualora gli avvocati avessero fatto richiesta di informazioni, i praticanti avrebbero dovuto opporre il veto imposto da Boscuccello, senza aver nulla da temere, poiché gli avvocati che avessero insistito sarebbero stati messi in riga da Boscuccello in persona. Chi avesse trasgredito, avrebbe subito conseguenze spiacevoli in sede di esame per ottenere il patrocinio legale o, a fine pratica, per ottenere il relativo certificato, indispensabile per sostenere l'esame di abilitazione. Tra i membri e i segretari del Consiglio dell'Ordine c'erano amici personali di Boscuccello, come ben sapevano i praticanti. Boscuccello impartì queste disposizioni a inizio dibattito, chi non era d'accordo poteva accomodarsi fuori.

Tutti i praticanti accettarono le condizioni e rimasero. Vennero sequestrati decine di registratori. Cincinnato, per parte sua, non gli aveva chiesto nulla, ognuno, diceva, si martorizza come può.

Boscuccello avvisò i presenti che non sarebbe stato un classico dibattito con un discorso e delle domande, ma ognuno sarebbe stato subito libero di farne, se ne aveva. In questo modo, spiegò Boscuccello, si salvaguardava lo spontaneismo dialogico ed estatico e il tema si sarebbe fatto da sé o da sé si sarebbe esaurito. Si

limitò a dare soltanto inizio alla discussione con un cenno introduttivo.

"Come è a tutti noto, disse, noi siamo nel Maelstrom. La leggenda del tribunale come luogo di giustizia ha fatto il suo tempo. I nostri sono un tempo e un luogo che possono essere concepiti solo come pura perdita. Voi siete gli ultimi esponenti di un tempio distrutto, l'ultima fotografia di una massificazione del giuridico come superfluità. L'imbroglio epocale ormai visibile a tutti ha reso gli avvocati faccendieri, i giudici notai dell'inutile e il diritto mercede di una politica storpia, animata da faccendieri ancor più pericolosi, perché arbitri della tenuta dei codici e delle leggi. La Catodica ha dettato le nuove regole della convivenza sociale. I crimini che vengono commessi ruotano attorno a essa e ne sono l'espressione, perciò sono solo l'esito del Gran Pasticcio dell'oggi. Voi vi avviate verso l'occhio del Maelstrom, inconsapevoli e senza scelta, poiché fuori di qui, voi tutti ignari della vita, finireste in buchi neri peggiori di questo. Il diritto è finito. Esiste solo un commercio di disposizioni compravendute e un lassismo organizzato nello svolgimento della cosa giudiziaria. La giurisprudenza che avete studiato non esiste. Coltivatela come mistica del diritto. Null'altro è dato. Chiunque varchi l'entrata del PDG sa di non poter contare sulla tutela della giustizia, ma solo sul saper fare di avvocati e manipolatori di norme, periti truffaldini e testi cialtroni che si vendono per un panino. Voi avete scelto questo. E fuori di qui il silenzio è peggiore poiché non è confortato da illusione alcuna, tantomeno quella della legalità. Qui voi siete nel palazzo di cristallo. Questa è l'esposizione universale della malattia umana, che scambia diritti con favori, elegge a regola il differimento e l'aggiustamento nel tempo che verrà, che organizza l'orgia del potere intorno a tavoli di mogano su cui sono sparsi, naufraghi, i codici, consultati da anime di paglia vestite in gessato, che bruciano come il denaro in quest'epoca di benessere finito e finto da e per sempre. Voi intelligenze fresche di titolo, camminate lungo una sottile linea grigia che vi condurrà all'arte contralchemica di trasformare l'oro in bronzo. Le eccezioni tra voi confermeranno la regola. Unica soluzione è nello smarrimento prima della fine. Sfuggire al gorgo prima del gorgo significa smarrirsi. Lasciare la pagina bianca e immacolata prima dell'occhio profondo che ci inghiottirà tutti. Imparate il fragore prima del silenzio e il silenzio prima del fragore. Il mondo è finito. Dunque, siate il Maelstrom."

Al discorso, che sarebbe stato ricordato come *Discorso del Maelstrom*, seguì un breve giro di domande, poiché lo sbigottimento dei praticanti smorzò ogni pulsione in attesa dell'esorcismo collettivo.

"Giudice, chiese un praticante come in stato di trance, come la mettiamo con la Giustizia penale?"

"Vedete, se vanno dentro diranno che il Paese è sano. Se non vanno dentro diranno che il Paese è sano. Poi se la prenderanno con voi. Intanto saranno passati gli anni e sarete così stanchi che diventerete etici: non avrete voglia di usare la vostra laurea per falsare l'esame da avvocato o non avrete voglia di usare l'abilitazione per falsare i verbali. Vecchi, vi guarderete indietro e capirete che la giustizia ce la siamo inventata un po' per celia, un po' per non morir."

"Giudice, cosa succederà dopo il gorgo?"

"Nulla. E sarà la salvezza."

"Giudice, cosa avrebbe fatto se non avesse fatto il magistrato?"

"Il luparo. Avrei fatto il luparo."

"Giudice, la giustizia civile? La sezione lavoro?"

"Tavole, tavolozze e scalpelli, la prima. Quanto alla sezione lavoro è diventata una succursale dell'obitorio. E comunque il diritto arriva sempre dopo. Bisognerebbe chiedersi piuttosto cos'è il lavoro."

Atterriti, sulla luna, i praticanti, ad un certo punto, tacquero. Era giunto il momento dell'esorcismo. Entrò un uomo giovane, completamente calvo, monsignorile nell'aspetto e nel fare. Si rivolse direttamente a Boscuccello.

"Sei veramente Boscuccello?"

"Tu l'hai detto."

Poi si rivolse ai praticanti.

"Il nome del Maelstrom è legione. Siete pronti a tacere?"

Non volava una mosca.

"Ora mettetevi le mani al collo e strangolatevi per trenta secondi."

Quando i praticanti si fecero violacei in volto l'esorcista disse loro di fissare il vuoto e di immaginarsi vascelli nella tempesta. Poi sparse in aria una polvere sottile.

Quel che avvenne dopo nessuno ebbe mai il coraggio di dirlo, alcuni non furono in grado di ricordarlo. Tutti furono ad

Eleusi quel mattino. Quel giorno e per molti giorni a venire, i praticanti tacquero e disertarono le udienze.

Gli avvocati non vennero mai a conoscenza di quanto accadde in quell'aula. Boscuccello ormai era ufficialmente a Tubinga, a guardare il mare con Hoelderlin.

Un mese dopo tornò in tribunale e per celebrare quell'evento andò nel *Joy Division* e scrisse:

E venne il giorno che le voci tacquero.

Mauro Savino

XV

Lady Yellow

Prima di uscire di casa per andare al PDG fece una telefonata.

"Ma non saprei, Signor Brahms…lei lo conosceva bene…a diciotto anni scriveva *lieder*…centocinquanta all'anno…morto di sifilide a trentun'anni, come un postino qualunque. Qualcosa non torna."

Quel giorno il tribunale era semivuoto. Persino al Quarto Piano, in genere pieno come un uovo, non c'era quasi nessuno. C'era un senso di scherno nella primavera. Nel sole sopra il parcheggio. Tutto sembrava fintamente denso. Quella promessa di infiorescenza che salutava l'inverno gli fece pensare, per un istante, ad una lontana infanzia, in cui madri piene di entusiasmo per i loro figli di quattro anni, lavavano pianerottoli davanti all'uscio di casa per far giocare i bambini a terra, perché potessero stendersi a pancia in giù e nuotare nell'aria, mentre intorno si spiegava un velo color seppia che sfalsava i contorni, le risate dei bambini e i volti premurosi delle madri. Ora invece, sotto i ciliegi, i mucchi di fiori che si appiccicavano alle suole delle scarpe e l'ombra dei palazzi che calava tenue sui marciapiedi, sembravano raccogliere riflessi e pensieri in una rivelazione del deciduo, che rendeva umbratile e opaco il raggio sulle staccionate, sulle ringhiere, sui lampioni. Solo nella più sprofondata provincia era dato di familiarizzare con simili misteri. Per questo, nonostante la boria catodica, c'era sempre uno scorcio di via o di muro che riportava tutto all'essenziale, anche quando la natura apparecchiava una tavola imbandita con le più belle primizie per lasciare poi all'occhio l'amara scoperta di una morte dissimulata.

Primavera sul PDG, primavera sulle bocche arse dall'inverno, primavera sulle spalle doloranti, primavera sul cuore assurdo e sull'anima alcolizzata che vagava per le stradine dei rioni tenendo dietro al ritmo dei tacchi delle scarpe, spesso, nel pomeriggio, l'unico rumore, l'unica presenza.

E da questa primavera spuntò Lady Yellow.

59

Si diceva che in passato, per vivere avesse fatto la prostituta, ma dotata di grande intelligenza e determinazione, era riuscita a laurearsi e a diventare avvocato. Per questo esercitava su tutti un fascino ambiguo, figlio della decadenza e del riscatto, incorniciato in una bellezza diamantina, che raccoglieva la luce e l'ombra con pari intensità negli occhi verdi che avevano visto il tempo della giovinezza, della speranza e che ora trafugavano dall'inevitabile traguardo dell'esistenza stralci di colori immacolati, che la facevano camminare come un'onda, nel disincanto dell'andare mesto di provincia, nella musichina da carillon che riempiva lo spazio tra un giorno e l'altro.

La vedeva spesso, in attesa dell'ascensore, con il capo chino, immersa in quel genere di pensieri insondabili che una donna del genere poteva cogliere. Gli impegni professionali sembravano solo la coda della sua esistenza, sebbene fosse ritenuta un avvocato molto valido. C'era in lei qualcosa di inafferrabile e i fatti di causa erano una pratica aggiunta al fatto della sua vita. Aveva rapporti cordiali con tutti, ma l'indipendenza che promanava dalla sua persona era frutto di una conseguita solitudine in cui immergeva l'ultima stagione della sua bellezza.

Non ebbe mai occasione di parlarle, né mai il coraggio per procurarsela. Lo iato che, a volte, separava gli apprendisti avvocati da chi esercitava la professione, almeno per spiriti aerei come il suo, diventava, in questi casi, insuperabile. Ma sapeva che entrambi erano legni spiaggiati dallo Jonio, destinati a un'orma passeggera, per ritornare, forse, tra le onde da cui erano giunti, consapevoli di un passaggio che non si mascherava dietro i successi alterni della vita o della professione. Che, ignari entrambi del percorso che li aveva portati fin lì, accettavano il loro ruolo di traghettati sulla zattera della medusa.

In fondo non era necessario parlarsi. Comunicare. I loro occhi non si incontrarono mai. Si esprimevano, i loro sguardi, in vedute periferiche che tutto accoglievano e tutto dimenticavano. Nel Maelstrom erano la primavera sotterranea, inesorabile.

Le fu vicino, da un'altra galassia, da un'altra lontananza.

Nel PDG Cartesio avrebbe potuto riscrivere la sua teoria dei vortici, ma nella meccanica degli incontri sbadati e casuali che si facevano tutti i giorni, c'erano tuttavia momenti di incondivisa affinità che riempivano gli spazi vuoti, incontri senza intesa o comunicazione che davano forma a un insondabile deliquio,

nell'agitazione generale, nel trambusto del fare e del non fare. Anche per questo aveva deciso di immergersi nel PDG, che, nel transito perenne irrelava trame dell'inaccaduto, dell'improbabile e del non-so-che. Luoghi, spazi di cui era impossibile dire, che legavano esistenze che non si sarebbero mai incontrate. Nello spazio tra le parole di quel libro senza capo né coda, che era poi l'umanità, in parata al PDG, si potevano trovare e imparare storie di amicizie stellari, mai conosciute, né conoscibili. Che si incontravano nella volta celeste, mentre il mondo si concentrava sul dito che la indicava. E allora l'oblio, la stanchezza, l'inadeguatezza, si condensavano in un sorriso consapevole e immoto sotto un battito di ciglia in cui era racchiusa tutta la vita. Il resto era l'annotazione della propria esistenza in un mattino di sole e cinguettii.

La primavera era arrivata.

Ed era la primavera di Lady Yellow.

XVI

Le Cancelliere

La notte gli capitava di alzarsi spesso per delle telefonate urgenti.

"Caro il mio Sofocle…miosi? Sarebbe già qualcosa…Il fatto è che questi sono ciechi marci e di Edipo nemmeno l'ombra."

Poi, quasi sempre esterrefatto, se ne tornava a letto e prendeva sonno all'istante.

Il giorno dopo, se c'erano state più telefonate durante la notte, ovviamente non stava granché in piedi, ma questo lo aiutava invece che svantaggiarlo, poiché così riusciva a obliarsi con maggiore facilità, a prestare quel tanto di attenzione necessaria al disbrigo delle varie formalità, per poi esiliarsi, vagheggiando il chissacché tra un piano e l'altro finché non ne aveva avuto abbastanza e se ne tornava a casa.

Passando dal Piano Terra scorse dai grandi plessi di vetro gli avvocati e i praticanti che fumavano e si diresse verso l'ascensore dietro gli uffici dei giudici di pace, convinto di dover andare al Quarto Piano, quando si ricordò che, invece, aveva un'udienza proprio da un Giudice di Pace, il che gli capitava in effetti di rado.

I Giudici di Pace erano per lo più degli avvocati che arrotondavano, li pagavano in base alle sentenze emesse. Perciò pensavano sostanzialmente alla minestra e prima si chiudeva la causa meglio era. Erano perlopiù dei Cicikov senza mordente.

Del resto, il *petitum* delle loro cause era in linea con la religione del cortile, per cui avevano a che fare con cause minori, dall'apposizione di confini tra terreni a furtarelli di dilettanti, per il resto sbrigavano faccende relative ai sinistri stradali, se non ci scappava il morto.

La religione del cortile veniva però celebrata con ineguagliabile zelo nelle cancellerie, molte delle quali si trovavano nell'atrio del Piano Terra, in primavera puntellato dal sole e dai giornali aperti di fronte al sole.

Le stanze delle cancellerie erano stanze più o meno grandi, a volte intercomunicanti, per agevolare le comunicazioni sugli affari correnti. Erano i regni scaffalistici di una generazione di marie

scampate ai fornelli per tutta la vita, che avevano imparato quel tanto che basta per maneggiare ricorsi e citazioni e avevano superato il solito concorso pubblico in odore di santità. Erano tutte signore attempate che custodivano con la stessa cura il rosario nella borsetta e i fascicoli nell'armadietto di ferro come quelli piantati nei corridoi del municipio. In questo erano ineccepibili. Tornate a casa cucinavano e facevano la spesa, continuando con altri mezzi la politica del tener in ordine e del rassettare.

Erano perpetue imprestate all'efficienza tribunalizia non animate da alcun fervore burocratico, ma dalla certezza dello stipendio, il che era una giustificazione più che sufficiente perché facessero il loro con la dovuta precisione, concedendosi, di tanto in tanto, qualche pausa-fumo-e-chiacchiere con le colleghe, tipica manifestazione del mutuo soccorso che avvince i rapporti di buon vicinato, soprattutto verso mezzogiorno, quando, per inveterata tradizione, le marie domandavano alle colleghe l'accendino invece dell'aglio o del sale da cucina. Il farmacista e il maresciallo erano sostituiti dal giudice e dall'avvocato e per la pratica che non si sapeva sbrigare, si correva ben volentieri dalla collega dell'ufficio a fianco per aver manforte e approfittare della pausa per sapere l'ultima.

Era facile capitare nelle stanze e trovarle vuote, perché l'arte delle marie consisteva nella capacità di portare al livello di una qualsiasi commissione domestica la prassi dello scartafaccio tribunalizio, per cui erano quasi sempre in giro a riordinare. Un certo senso del dovere, più evangelico che fondato sul senso della buona tenuta degli uffici del PDG, animava il loro operato e nel loro abbigliamento fuori moda da vecchie signore, facevano la spola tra un piano e l'altro, tra un anno e l'altro, fino alla pensione.

Non erano come i *check-inners*. Erano le ultime discendenti di un'epoca matriarcale che aveva forgiato le sue Ursule Iguarán, che dall'uscio di casa sorvegliavano i figli, aspettavano i mariti e uscivano solo per prendere l'acqua dal pozzo e stendere il bucato. Erano dolmen di un tempo perduto. Ora indossavano la stessa maschera rassegnata e mesta delle matrone di fronte al tramonto, con la saggezza tutta racchiusa nelle pieghe di un grembiule domestico tramutatosi in golfini o camicette segretariali, sopra gonne che terminavano sotto il ginocchio e lasciavano intravedere le caviglie gonfie che restavano dopo una vita spesa tra la cura della casa e i fascicoli e i ruoli generali zeppi di fascicoli tenuti insieme

dallo spago. Nelle cancellerie del PDG si trasferivano così, in forme diverse, gli utensili e le procedure della cucina di provincia.

E una mattina che era filato tutto liscio e stava per andarsene a casa, si sentì all'improvviso un gran tonfo di piatti, poi un altro e un altro ancora, ciò che provocò il panico nell'atrio del Piano Terra.

Ne seguì un'agitazione generale, che innescò un corri corri convulso, senza che nessuno si curasse di capire cosa fosse successo, perché tutti colsero l'occasione, aspettata da sempre, di corricchiare qua e là per il Piano Terra e persino i più decrepiti tra gli avvocati, che non ci speravano più, abbozzarono dei saltelli.

Per qualche minuto si assistette ad una specie di sabba tragicomico, che aveva contagiato praticamente tutti, c'era chi andava avanti e indietro a casaccio, chi lanciava urlacci, chi approfittava per regolare vecchi conti e distribuire poderose spallate ai nemici, chi gettava le giacche in aria e chi guardava in alto sperando che apparisse la Madonna, qualcuno, per non perdere l'occasione, gridò "Il terremoto! Il terremoto!"

E tutto montava, senza una logica, sgambettando la quotidianità tribunalizia con movimenti disarticolati e sbattimento di piedi nell'atrio grigio.

I praticanti avevano colto al volo l'opportunità irripetibile di fare e dire quello che volevano. In quei venti minuti di follia alcuni diedero sonore pacche sulla spalla degli avvocati intonando stonati canzoni dei Beatles, altri strappavano loro la giacca, altri ancora gridavano frasi sconnesse e qualcuno mollò anche qualche vigoroso calcio negli stinchi a chiunque gli si trovasse accanto in quel momento.

Persino i *check-inners* uscirono dal gabbiotto e si diedero ai baccanali, tirando fuori fiasche di vino e imbrattandosi a vicenda le divise con sputi di rosso d'annata e improvvisarono bestiali mazurche, talmente sconce che, dopo quella mattina, nessuno osò mai parlarne.

Le cancelliere, credendo fosse giunta la fine dei tempi, si erano rannicchiate sotto le scrivanie e sgranavano il rosario.

Soltanto la stanchezza poté avere ragione della gran trottola generale che si era andata formando. Alla fine delle insperate danze polovesiane c'erano avvocati che ansimavano in ginocchio, altri liquefatti su sedioline di fortuna, altri stramorti a terra, c'era pure qualcuno che, incurante di ogni contegno, continuava a fare la conta

faccia al muro, con i piedi sulla borsa da avvocato, posseduto da un'insopprimibile bisogno di regredire all'infanzia.

Quando tutto finì, l'atrio del Piano Terra era un lazzaretto di cenci sporchi, scarpe, macchie di vino, qualche calzino strappato e mozziconi di sigari.

Tutti, in stato di evidente shock, con la polizia di Stato che avvisava i familiari o chiamava l'ambulanza, si avviarono all'uscita, dimentichi d'ogni cosa, più che mai di se stessi e del manicomio che avevano messo in scena, con lo sguardo perso nel vuoto, implorando, i più devastati, la fine di tutto.

Si vide così una processione assurda di appestati secenteschi che si avviavano all'uscita, annichiliti e con i tratti del volto infossati, spettatori di qualcosa che tutti preferirono serbare solo nei loro ricordi, senza mai farne parola con nessuno. Non era stata una catarsi, ma la frantumazione, almeno per poco, dell'albero maestro della nave tribunalizia sempre più vicina al gorgo del Maelstrom. Forse anche per questo nessuno volle più parlare di quei fatti. Cominciava a farsi largo l'idea che simili accessi, provocati anche da un nonnulla, nascondevano una tendenza ormai irreversibile all'annientamento. La legge, ridotta a simulacro, teneva ormai sola in piedi un edificio diroccato, e il mondo di cui questo era l'espressione. La fine sarebbe arrivata, ma vederla o non vederla, non aveva alcuna importanza per chi, come lui, aveva già ucciso la volontà e viveva nell'oblio. La partecipazione all'imbuto epocale che avrebbe versato il PDG nel nulla non faceva altro che alimentare un'erosione, un passaggio alla completa dimenticanza, in cui il cielo intero cadeva su un mondo insalvabile, decretando finalmente la fine di un'insensatezza cominciata con l'uomo e finita con la sua immagine traslucida.

Si venne a sapere, comunque, cosa avesse provocato i ripetuti tonfi.

Era successo che un'applicata di segreteria del Quarto Piano, stanca della solita *routine*, si era portata da casa il servizio di piatti nuovo di zecca e, con precisione chirurgica, li aveva fatti prima piombare giù per la tromba delle scale in modo che atterrassero dritti sull'ascensore del Piano Terra, poi aveva preso a lanciarli a blocchi, più o meno a casaccio. L'applicata spiegò, ma non interessava naturalmente a nessuno, che lo aveva fatto perché voleva emulare la Bergman durante le litigate all'*Excelsior* con Rossellini.

Ordinaria cancelleria.

XVII

I manichini del Piano Zero

Una mattina, giunto al Piano Terra e in procinto di andarsene, cambiò idea e si diresse al Piano Zero.

Il Piano Zero era il piano sotterraneo dove venivano accatastate, più o meno alla rinfusa, le scartoffie, gli avanzi delle cancellerie e i libretti di pratica legale smarriti e mai più reclamati. C'erano anche faldoni di cause risalenti al secolo prima, i diritti che ne costituivano l'oggetto essendo andati in prescrizione e che dovevano essere eliminati, ma erano rimasti ammassati al Piano Zero, senza che nessuno se ne curasse.

Comparivano così, mischiati gli uni agli altri, impolverati e marci, libretti tra le scartoffie, scartoffie tra i libretti e lo zibaldone dei fascicoli che formavano piccoli e grandi mucchi di carta sparsi sul pavimento e sugli scaffali di ferro, tra le cimici.

In quel cimitero di carta sarebbe finito tutto lo strame del PDG, finché nel Piano Zero, riempito fino all'orlo, non si sarebbe finalmente appiccato il fuoco e fatto di tutto un bel monte di cenere.

Al Piano Zero c'era anche uno stanzone, che si apriva incredibilmente su un esercito di manichini nudi.

Notò che c'erano delle vecchie toghe buttate su un tavolaccio.

Decise istantaneamente di indossarne una e vagheggiare frasi casuali dandosi arie da penalista ottocentesco. I manichini furono eletti a pubblico e per circa mezz'ora diede spettacolo di sé, arringando e percorrendo con ampie falcate quello spazio in cui una polverosa penombra regnava da tempo immemore incontrastata. I manichini, di colore ocra, rimanevano ritti al loro posto e, senz'occhi né orecchie, erano lì, casuali, senza scopo, senza motivo di essere. Mentre si parlava addosso a quel modo e li apostrofava variamente, fingendo di catturarne l'attenzione, gli parve che quell'esercito muto meritasse un riconoscimento purchessia.

Ebbe così un'idea fulminante.

Si procurò delle casse da palco e un mixer da portare al Piano Zero. Voleva dare vita ad un singolare momento di intrattenimento.

C'era però il problema di giustificare l'entrata nel PDG di quel materiale. Certamente ci sarebbero stati intoppi al tornello dei *check-inners*.

Trovò un *escamotage* e si presentò travestito da operaio dell'Ente per l'energia Elettrica, con la barba finta e una tuta blu imprestatagli da un meccanico.

Disse ai *check-inners* di dover portare di sotto gli scatoloni con le casse perché doveva testare l'impianto elettrico e l'audio all'interno del Piano Zero, in quanto il Consiglio dell'Ordine aveva deciso di destinare a miglior sorte quel luogo dismesso.

Lesse ai *check-inners* l'artata delibera con cui il Consiglio decretava quell'operazione sotterranea e di cui era stato dotato per evitare ai *check-inners* l'incomodo di verificare, presso gli uffici addetti, l'autorizzazione al trasporto di quel materiale:

Il Consiglio dell'Ordine degli Avvocati, con delibera unanime, decreta che, con cadenza semestrale, verrà celebrato, al Piano Zero, l'ingresso nel mondo della professione legale dei neo-avvocati.

Il Piano Zero, completamente ristrutturato e rimesso in ordine, dopo decenni di incuria e disinteressamento, deve diventare il luogo simbolo del prestigio della professione che ci onoriamo di esercitare.

Alla fine di ogni semestre verrà pertanto indetta una pubblica cerimonia che, proprio nell'atto di rendere munifico un luogo altrimenti destinato ad inevitabile degrado, vuol essere atto di orgoglio e fiducia della classe forense tutta nella prosperità e magnificenza della professione legale.

Pertanto autorizza tutte le operazioni peritali consentanee con il suddetto scopo e invita il personale in servizio all'entrata del PDG ad ammettere nel succitato locale gli incaricati dei controlli e delle verifiche di rito.

I *check-inners*, a cui la lesse modificando la voce e per fare decisamente prima, la bevvero e poté così scendere di sotto, montare il tutto e dare corso ai suoi reali intenti.

Per prima cosa si svestì della tuta da meccanico e indossò una toga.

Poi collegò le casse e il mixer all'impianto.

A quel punto tutto era pronto per dare corso all'idea fulminante.

Si rivolse così alla folla di plastica, incitandola con ampi gesti barocchi delle braccia a prestare attenzione e a fare silenzio.

Poi, con voce impostata e seriosa, quasi tedesca, sentenziò:
"Signori gioite! Cadrete in piedi!"

Dopodiché mise sulla piastra un vinile di Prokofiev e alzato il volume al massimo, lanciò per tutto il PDG per un tempo che parve infinito, *L'amore delle tre melarance*.

Tutto il PDG risuonò, nello sconcerto e nella meraviglia generali. Per qualche minuto, il PDG si fermò e nessuno si curò di sapere cosa stesse succedendo. Rimasero tutti in ascolto, tranne qualche contestatore del Quarto Piano, che blaterò qualcosa a proposito della solita manovra diversiva delle destre.

Quando il brano terminò, si portò verso una piccola porta di legno sul retro del Piano Zero, da cui uscì con il materiale negli scatoloni e, servendosi di una scala di servizio, guadagnò come poté l'uscita.

Non fu mai scoperto. Né tornò più al Piano Zero.

L'unica immagine che portò con sé fu quella dei manichini nella penombra e nella polvere.

Svenuti. I manichini erano tutti svenuti.

XVIII

Il popolo dei borbottanti

Pioveva. E la pratica legale era una specie di pioggia che teneva unite le due lastre di vetro del passato e del futuro, ma era una pioggia schiacciata che non allagava nemmeno, sicché il presente diventava una macchia d'acqua in trappola. E purtroppo il PDG non offriva alcuna illusione ottica per agrimensori perduti nella neve.

Una mattina, invece si utilizzare l'ascensore, come aveva preso a fare piuttosto frequentemente, per le sue parate libro-in-faccia, decise di prendere le scale.

Fin da bambino le aveva amate e temute: sognava di farle a cinque, sei alla volta, in discesa: volare giù per le scale. Specie quelle dei palazzi vecchi, dove c'erano studi di medici generici e ragionieri che davano su pianerottoli con mattonelle del dopoguerra e crepe tra i muri lasciate dai terremoti. In quei palazzi senza ascensore, le scale erano alte e strette e gli scorrimani erano di legno liscio, intarsiato dal tempo e quando ne seguiva le venature con le dita, gli sembrava che potessero sorreggerlo nei suoi voli, mentre sfiorava gli scaloni con la punta dei piedi e si lanciava libero per piani e piani, senza gravità e senza ali, nell'aria, vago e dimentico.

Sulle scale del PDG aveva, alle volte, di questi rigurgiti d'infanzia.

Pensò, per esempio, che gli sarebbe piaciuto tanto gridare quanto voleva. Come faceva un tempo. Da ragazzino andava con qualche altro screanzato a gridare nei campi che si estendevano oltre la zona abitata, e lì si lasciavano andare a grida spasmodiche, urlacci come se fossero sotto tortura.

Perché quell'idea gli fosse venuta in mente mentre saliva le scale gli fu chiaro quando passò davanti alla grande vetrata che separava il Primo dal Secondo Piano.

Il gigantesco edificio di cemento del PDG, con i suoi plessi antiproiettile che aprivano nel grigio di fondo zone di luce e trasparenze che permettevano a chi stava dentro di vedere chi stava fuori e viceversa, appariva, dall'interno, e una volta abbandonato a se stesso il brusio che vi regnava, l'esatto opposto di ciò che si

vedeva da fuori: porte di ferro nere, tra le pareti che separavano i piani, aprivano su corridoi bui che ricordavano dei passaggi segreti. C'erano pilastri, tra un rampa di scale e l'altra, alla base dei quali erano state poste delle botole e qualcuno diceva che il PDG nascondeva, nei suoi sotterranei, una serie di bunker. Dove portassero quei passaggi o quelle botole, non era dato sapere. Se si percorrevano fino in fondo quei corridoi o se, furtivamente si sollevava una botola, ci si trovava di fronte a muri o basamenti di cemento che bloccavano il passaggio. Era possibile, in qualche modo, andare oltre? Non lo seppe mai.

Per conto suo cominciò allora a fantasticare sui segreti sotterranei del PDG.

Incapsulato in una strana rete di cunicoli, scale e passaggi segreti, nascondeva certamente celle dove non arrivava mai la luce del sole e i frequentatori di quel misterioso sottosuolo erano esseri barbuti e terribili che parlavano da soli, borbottando tra un corridoio e l'altro, depositari di un'esistenza inconcepibile, che aveva surrogato, o sublimato, le forme consuete del vivere in un termitaio dove ogni legge della convivenza umana era stata abolita, e il popolo dei borbottanti aveva costituito un esercito di monadi dall'occhio ferrigno, la cui processione evocava una nefandezza cruda, inaudita e definitiva.

Avevano fabbricato strumenti che emettevano note cupe rimbombanti tra le celle tutto il tempo e il loro suono rendeva fluidi i loro cervelli, sgombri da faccende umane e occupati solo a concepire come perfezionare la loro scomunica dalla razza umana.

Erranti per sempre, costruivano forse sempre nuovi cunicoli, penetrando sempre più in basso nel sottosuolo, finché, ormai ciechi, si lasciavano morire dopo aver scavato per scavare tutta la vita.

O forse progettavano, ognuno per sé, la loro comparsa nel mondo civilizzato e un giorno o l'altro avrebbero sfondato il soffitto che li separava dal PDG, le loro teste barbute avrebbero fatto la loro orrenda comparsa, e i loro corpi mastodontici avrebbero scaraventato via chiunque si fosse trovato sulla loro strada, uccidendo e divorando tutti coloro che avessero avuto la sventura di vivere quell'ora apocalittica. Era forse così che si manifestavano i prodromi dell'imminente risucchio finale nel Maelstrom?

Riemersi per devastare quel che restava di un mondo ferito a morte dall'abuso di comunicazione e dall'esaurimento dialogico, dalla dominazione degli insetti dell'Evangelo catodico, che avevano trasformato il peso delle mani e dei piedi in una pioggia morta, dove il dolore era finto, la gioia impastata e zuccherosa e la ruota dentata della civiltà spettacolarizzata aveva stritolato il corpo degli ultimi uomini. Sarebbero riemersi per scrivere lettere terribili a sovrani mesopotamici, in cui dichiaravano la deposizione dell'Emittenza Grigia, in vista di un annegamento generale, che avrebbe affogato ogni pretesa plenipotenziaria di quanti si aggrappavano al rampone della legge in buona o cattiva fede, come di quanti santificavano l'impresa terrea e fugace di diffondere il verbo della vendetta del vuoto contro secoli di macigni sapienziali e coltellate filosofiche.

A questo si preparavano i borbottanti, le cui frasi incomprensibili scomponevano il rumore dei passi nel labirinto sotterraneo. Quando sarebbero emersi? Quando sarebbero evasi dalle loro celle per distruggere tutto?

Tale era la potenza di quelle apocalissi, che gli ottenebravano la vista per minuti infiniti, arrivando al punto di non riuscire quasi a trattenere un urlo tra le scale, che lo avrebbe liberato dall'idea di stare letteralmente impazzendo. La differenza con l'infanzia era solo nel fatto che ogni infanzia era impazzimento. Si urlava già impazziti, perciò si era liberi, mentre ora ci si ritrovava ristretti nel carcere del vivere comune, in un cortile gigantesco e colonizzato dalla ruggine.

Lo placava solo la noia bruciante di certe mattine, quando il borbottio era suo e dalle finestre si vedeva la sabbia del deserto sparsa sulle cappotte. Quell'oblio improvviso, che filtrava dalle finestre tra un piano e l'altro, che parlava di interminabili lontananze e respingeva nel vuoto infinito quel messianesimo orribile che avrebbe fatto scoppiare le bocche e le parole, lo faceva trasalire e lo calmava, ma la successione di smarrimenti così diversi provocava in lui, di lì poco, un tale stato di estraniazione che gli sembrava di camminare tra le macerie di una città perduta, dove la polvere penetra negli occhi e un odore di morte avvolge pietre millenarie e canovacci di travi che spuntano come spade smunte dai muri delle case squartate. Cos'era in fondo quel tempo se non un accatastarsi di rovine? Dietro la superficie dell'attivismo social-forense, nutriva le proprie ossa un enorme scheletro, che si schiantava contro la forza del diritto, contro intersezioni sociali almeno dignitose, contro

ogni lungimiranza politica, contro ogni riabilitazione delle coscienze. E allora la crisi era totale, il mondo dei ragionamenti era perduto, le lunghe notti passate a squassarsi tra i codici e le procedure erano adesso ciliegie marce, la gloria di certe chiose di fine capitolo, nei testi di criminologia, era ora maciullata da un arrangismo diffuso e meschino, che si alimentava del ghigno di avvocati che ormai avevano capito la musica, di giudici strafatti di analgesici e funzionari con la birra nel cassetto, che gli serviva, dicevano, per tirare avanti fino a fine giornata, di una fiumana sociale in cui era impossibile riconoscere il senso dell'umano e le chiavi del tempo erano affidate a poteri adunchi contro cui non ci si poteva battere.

Nell'impossibilità di bloccare il marchingegno che aveva condotto a quella fine laida e ciarliera, rimanevano aperte solo le due possibilità dell'incubo e dello svenimento.

Allora una mano enorme gli si posava sul torace e restava fermo, ritto in piedi, rigido, davanti a una finestra, appena abbagliato dai raggi traversi del sole, che svegliavano il pulviscolo e la sua danza sonnolenta.

Era tra quei colori sfalsati che prendevano vita le sue visioni. Dalle finestre e dalle vetrate che dividevano i piani si diffondevano riflessi di luce impastata che sembravano avvolgere il corpo e sollevarlo dal suolo, come se il caldo dei raggi del sole o il ghiaccio della neve innervassero un'altra dimensione, che rendeva il collo leggero e la schiena fluida, con le tempie rinfrescate dall'assenza e gli occhi puntati verso gli aloni di luce che carezzavano le forme degli alberi o di qualche muricciolo sgretolato. Allora sentiva le vene appesantirgli le braccia e le dita abbandonarsi al peso delle spalle e del petto, come punti terminali di una densa irradiazione che amalgamava il corpo e lo rendeva mieloso. Allora, in quella libertà incondizionata, il dolore o lo smarrimento erano solo prodotti di reflusso, perciò avevano lo stesso valore. Per quanto terribili fossero quegli incubi istantanei, c'era sempre qualcosa che ne sbiadiva l'effetto, come se lo stato di sospensione in cui si veniva a trovare in quei momenti, gli impedisse di essere seriamente attaccato da quelle albe omicide. D'altro canto neanche si ritrovava svenuto a terra, poiché la polvere delle rovine, otturando il naso e gli occhi, diventava l'antidoto principale al suo crollo. C'era, in quel vagare immaginario qualcosa che si faceva così presente alla mente da apparire reale e definito. Forse perché aveva

ereditato la polvere delle rovine joniche, tra le quali aveva imparato, in certe estati irripetibili, a camminare svanendo con la calura, mentre secoli su secoli si arrampicavano su colonne senza fine che screziavano il cielo. La polvere acre delle rovine lo teneva così in piedi, in quei minuti in cui il mondo trascolorava e diventava indifferente vivere o morire, come aspettare che la morte giungesse dalla terra o dal mare.

XIX

La notte

Gli pesavano le gambe, la notte dormiva poco o niente. Le cause atomiche lo spossavano e la classica lo portava lontano, troppo lontano, nella steppa, in Siberia o tra i fiordi norvegesi, dove era tutto un azzurreggiare di ombre e di fantasmi dagli occhi spalancati. Voleva essere lì, voleva essere altrove, si rigirava nel letto e le forme notturne degli alberi ondeggiavano sulle pareti, proiettate attraverso le tende. E come avrebbe voluto avere la forza di scavalcare la finestra della stanza, e, con la luna in testa, correre, correre a perdifiato fino ai campi, e poi ancora oltre, nel regno dei cani randagi, nell'abbandono delle carcasse delle auto, a strappare fili d'erba, a pestare cunette, aspettando le volpi, gli uccelli e, guardando il fiume, dedicarsi un piccolo fuoco. Un piccolo fuoco nella notte lucida. E restare lì, eterno, senza più mondo.

Gli occhi gli si incendiavano e tramortito si disfaceva tra il sonno mancato e l'angoscia che lo prendeva, ogni volta che una voce lontana echeggiava da qualche parte nel piccolo rione della notte, che aveva i suoi soldati, le sue bestie e le sue bottiglie vuote, rotolanti per sempre.

Erano schiamazzi ed erano litigi ed era il sogno di carta di un mondo di luccicanze che non era mai stato della provincia, che era lontano e schiumato di soldi e gioventù bellona. Così il grido dell'adolescente tra cani randagi e brutti gatti era il guaito della vita illividita delle strade bucate e delle casupole di legno marcio dei terremotati al termine della città. Si guardava la notte da una panchina sfondata nel piccolo parco abbandonato o sdraiati sul cofano di un'auto da battaglia e il cielo era spinato dai pioppi o dalle antenne o dalle parabole per fidelizzare meglio con la Catodica e poi via a ruzzolare in fondo alla strada, drogati, sfatti, ancora giovani, a ridere, c'era anche da ridere nelle partite a pallone notturne tra piccoli criminali, studentelli e semplici figli di buona donna. E fumate infinite fino al tempo dell'università e delle notti a studiare diritto romano fino al tempo della pratica, quando quelli che non erano morti di droga, finiti in carcere o salvati da qualche

raccomandazione del solito prete, finivano a iscriversi nel Registro dei Praticanti Avvocati.

E li sminuzzavano la coda della gioventù in attesa della gran vita. Ad aspettarli c'era un tunnel di intrallazzi, colpi di fortuna eventuali e polmoni fracassati da centinaia di sigarette nei bagni delle sale per congressi dove si affollavano in migliaia per arraffare l'abilitazione, in un modo o nell'altro, con l'amico vicino di banco, con l'avvocato al telefono, con il codice vietato, con il commissario compiacente, con la scrittura ordinata, con la madonna in tasca, per ritrovarsi, quei pochi, con un pezzo di carta, quarant'anni sul groppone, una vita da schiavi in studi dove, di fatto, si continuava la pratica all'infinito, o si riusciva, attraverso amici di amici a mettere su uno studiolo, vivacchiando fino al primo infarto o al primo ictus. Fine.

Questo era il vangelo per quasi tutti i figli della provincia. Adolescenza. Giovinezza. Vecchiaia. Crepa.v Crepa. Crepa. Crepa. Crepa. Crepa. Crepa. Crepa. Crepa.

Gli dava un po' di pace, certe volte, solo una vaga nostalgia di estati perdute, quando si svegliava nella stanza rinfrescata dall'albero che si chinava sul tetto e faceva ombra, quando gioie e sofferenze si consumavano alla fermata dell'autobus o mangiando ciliegie.

Così in quella semi-incoscienza notturna amalgamava spossatezza, mal di stomaco e giovinezza andata.

Abbandonato a se stesso si trascinava nei giorni e per le aule del tribunale in attesa di una fine qualsiasi. Intanto vagava, galleggiava, cadeva a pezzi.

Del resto, al mattino, con le ginocchia come massi, si tirava su e andava a praticare nell'altoforno infinito delle meraviglie forensi.

Al Secondo Piano, una vecchia si era messa, durante una testimonianza e di punto in bianco, a rimpiangere i tempi in cui le porte delle case restavano aperte e nessuno rubava niente, parlava come sotto ipnosi e diceva che era curioso il fatto che la gente, ora che le porte restavano chiuse, usasse ornare gli ingressi delle case con tende e drappeggi.

Ovviamente il Presidente dovette interrompere le sue divagazioni, meno interessanti, comunque, del caso in questione: il figlio e il nipote si contendevano un campo d'erba medica per il loro ristoro serale: vantavano entrambi un diritto di esclusiva a rotolarsi liberamente e *ad nutum* nell'erba medica e alla fine erano arrivati alle mani. Una volta, disse poi la vecchia, le cose si decidevano con le fucilate o di fronte alla pastasciutta.

I tempi non erano poi tanto cambiati.

XX

La solitudine di Boscuccello

A Boscuccello il lavoro non mancava di certo. Scoppiava tutto, quindi scoppiavano anche gli scandali, ma parecchio. E nel PDG gli scandali erano, vivevano e amavano.

Dovette riaversi, Boscuccello, dai suoi recenti sogni di rinuncia e darsi da fare. Aveva ipotizzato che la Catodica, già da tempo in condizioni di accentuata bulimia, si sarebbe concessa una tregua e lui avrebbe potuto vaporizzarsi e dedicarsi agli affari correnti dei crimini da marciapiede, ma la Catodica aveva ormai assemblato la sua calotta onnivora sul tumefatto mulino del consorzio umano, sicché non c'era possibilità che la macina prosaica che continuava ad alimentare potesse arrestarsi. Alla fronte corrugata e disfatta di Boscuccello non restava che prenderne atto e fare la sua parte nel trogolo in cui s'affossavano il tempo e l'essere di quei giorni imbrogliati.

Era sempre più convinto, per parte sua, che l'unica possibilità concessa a gente come lui fosse di non avere a che fare con la gente, e non perché si sentisse superiore o che, semplicemente gli mancava, e gli sarebbe sempre mancato, il *know-how* delle relazioni personali di qualunque genere, fossero umane o professionali. In aula poteva non aver difficoltà durante una requisitoria, ma se doveva entrare nel bar si sentiva rovinato. La spiegazione era semplice. Durante la requisitoria era solo, l'interlocuzione era legata ai vincoli del dibattimento e così poteva fare come se non parlasse a nessuno. Lo stesso negli interrogatori. Domanda. Risposta. Stop. Altrove, invece, con i colleghi o con gli amici, era una continua approssimazione per difetto alla conversazione. Era il dialogo che lo disturbava. E, quando era al PDG, doveva ogni volta trovare una scusa per defilarsi e andare a cercare un po' di pace nella sua stanza al Quinto Piano, dove c'era sempre una finestra muta che lo accoglieva. Tuttavia, inevitabilmente, quella giostra impazzita lo coinvolgeva in quanto interlocutore privilegiato, al corrente degli episodi scabrosi che si verificavano nel sottobosco della glassa catodica.

Oltre alla proliferazione di notizie di reato relative a traffici, combutte e marchette del mondo catodico, la risonanza di certi fatti, che interessavano, oltre le solite soldatesse alle grandi manovre, nomi eccellenti della politica e del bel mondo, faceva sì che, soprattutto i giornalisti, continuassero a vessarlo per carpire indiscrezioni, voci di corridoio sulle ultime storie di denaro pubblico investito nel modesto piacere fisico di qualche ottuagenario dell'alta società o di anziani parlamentari e uomini di governo dall'indole picaresca. Lo aspettavano, lo placcavano, i piantoni della notizia. Boscuccello glissava, non tanto per ovvie ragioni di segretazione, ma perché, oltre alla voglia di andarsene per i fatti suoi, riteneva che i giornalisti fossero dei masochisti: andavano lì a chiedere, ma poi avrebbero scritto in ogni caso quello che volevano, quindi avrebbero potuto risparmiarsi la fatica di starsene lì in agguato per ore. E avrebbero avuto anche buon gioco, perché Boscuccello non li avrebbe mai querelati, come non li querelò quando scrissero che la procura stava accertando se la puttana del re fosse regolarmente stipendiata con i soldi del contribuente. Veri, falsi o verosimili che fossero, denunciare i prodotti del sensazionalismo cato-giornalistico equivaleva solo a confermarli, dunque a rafforzarli. La Catodica viveva di scandali di reginette che investivano l'unico capitale a loro disposizione per il breve tempo in cui era loro dato di accordarsi sul prezzo della loro perizia analoralvaginale e di riabilitazioni di fattucchieri altolocati del costume e della politica, che intrigavano e tramavano per le loro godutine per poi recitare il proprio *mea culpa* nelle trasmissioni della domenica, riuscendo persino a catturare qualche lacrima di provincia, e i giornalisti si guadagnavano la giornata come emissari di quest'impiastro senza fine.

Così a che poteva mai servire querelare giornalisti testosteronici? Tutelare l'operato della giurisdizione penale era una faccenda oziosa. Gli uffici giudiziari, quando volevano, si tutelavano da sé. Altrimenti lasciavano carta bianca agli spioni, per manovrare l'opinione pubblica. Lo accusarono anche di fare la star, strumentalizzando le indagini per ottenerne un ritorno di immagine. Lasciò correre. Boscuccello non aveva alcun interesse a tutelare se stesso. Si era già reso martire di se stesso quando si era messo addosso una toga credendo di fare il magistrato e invece si era ritrovato ad essere una pallottola nella battaglia, come tutti gli altri.

Del resto, prendersela con il latore insincero o tendenzioso di notizie aveva lo stesso valore che prendersela con il magistrato accusato di protagonismo giudiziario, perché si ergeva a fustigatore dei depravati costumi sociali, dal momento che la verità che il primo inventava e il secondo manovrava finiva per essere pressoché la stessa, l'unica variabile era data dal grado di dissolutezza che di volta in volta la Catodica riusciva a esprimere attraverso questi marchingegni. Se anche Boscuccello avesse voluto mettersi al centro dell'attenzione il problema non sarebbe stato certo lui. Avrebbe giocato con il materiale probatorio manipolando la verità per scopi personali. Ma togliere o aggiungere era solo una questione di gradazione. La sostanza rimaneva imperturbata, dunque imbattibile. Lottare contro questa verità, come contro ogni altra, era armarsi per una guerra che non poteva essere vinta. Giornalismi, protagonismi veri o presunti, finti moralismi, finti stupori di chi sa tutto. Era soltanto una questione di più e meno. La Catodica era, nelle sue manifestazioni, una pura faccenda di aritmetica.

Le inchieste giudiziarie erano soltanto lo stadio avanzato di una malattia vecchia come il mondo ma che ora lo stava distruggendo, anzi lo aveva già distrutto e adesso si contavano le vittime. Alberi maestri in grado di reggere agli affondamenti di un'epoca se n'erano sempre visti pochi, ma ora non se ne vedeva neanche la parvenza, quella che un tempo, pur mettendo le basi per il marciume a venire, aveva un certo talento per la simulazione e per la protezione di certe sfere del benessere sociale con la tecnica del colpo al cerchio e del colpo alla botte. Ora invece la botte s'era sfondata e non c'era più nulla da colpire, se non il pube della folla di ragazzotte in cerca di fama e di bella vita.

A Boscuccello, a monte, non era mai importato granché di queste storie di maneggi, appuntamenti, travisamenti e calunnie, che considerava espressione della peggiore tirannia delle plebi, un portato della civiltà dello sgravio, che aveva ucciso la costanza dell' esercizio critico in luogo di una blogosfera bagattellare che scomunicava la comunicazione con il *fast-food* della virtualità e di una proto-cultura dello show televisivo dove chi non aveva niente da fare poteva continuare a fare niente guadagnando cifre da capogiro.

Piuttosto attendeva l'arrivo di quel sacro momento in cui finalmente un gorgo gigantesco avrebbe risucchiato tutto e tutti senza distinzione. Covava la speranza mistica nel buco nero marino in cui, liberata dal giudizio su buoni o cattivi, la razza umana nel suo

complesso sarebbe stata inghiottita da una bocca salvifica, e finalmente l'indigesto pasto umano, durato anche troppo, sarebbe giunto al termine. E basta cultura, basta tribunali, basta denaro, basta umanità, soprattutto basta umanità. La consapevolezza che l'Errore Atavico consistito nell'aver la Natura prodotto l'uomo sarebbe stato riparato prima o poi, portava Boscuccello a esiliarsi in visioni nordiche sulla fine delle cose e a condurre le sue inchieste con la freddezza di un bambino che taglia la coda di una lucertola.

Semmai bisognava fare i conti con il fatto che negli ultimi tempi il cancro sociale aveva innegabilmente fatto passi da gigante e sovrabbondava in modo pressoché insopportabile. Si era riusciti a far ministri asini, un sogno antico divenuto realtà. Si era massificato l'astensionismo elettorale, ma si era rafforzato enormemente il presenzialismo catodico. Votare non cambiava la vita a nessuno. Ma andare in televisione poteva cambiarla a più di qualcuno. Aritmetica. Era divenuto possibile curare al contempo interessi pubblici e privati e ottenere il consenso della collettività grazie a questo. Ci si abboffava, da ogni parte, di denaro pubblico per lasciare affondare nelle sabbie mobili dell'indigenza chi avrebbe dovuto fruirne. Si organizzavano festini a luci rosse nei palazzi del potere, il che era sempre avvenuto, ma ora era diventata una moda, una ricompensa per le dodici ore quotidiane dedicate da chi di dovere all'amministrazione della società, che non era poi una stalla migliore. In tutti i concorsi pubblici i posti erano venduti all'asta e giovani professori si suicidavano. Allora qualche intellettuale, allo stremo delle forze, si abbandonava alla Catodica, chiedendo di essere adottato da qualche *talent show* per dispensare il proprio sapere con la morte nel cuore, almeno per i primi tempi.

Naturalmente, convergendo così tante forze verso un unico centro, si arrivava al punto che il sistema esplodeva e quello era il momento dei tribunali. Ciò che compariva nei fascicoli era la risultante documentata di questo massivo movimento centripeto. E nessuna trama balzachiana avrebbe retto il confronto. Tutta l'astuzia, tutta l'intelligenza e tutta la brama umana vi erano trasfuse e se un quarto di quelle energie fossero state dedicate a migliori propositi, nei tribunali si sarebbero svolte solo attività di ordinaria amministrazione e i giudici avrebbero giocato a pallacorda in apposite sale ricreative, costruite con il contributo che i cittadini avrebbero volentieri destinato alla pace altrui, avendola già conquistata per sé.

Ma i sogni che la Catodica realizzava e il PDG cercava di contenere erano di tutt'altro genere. E persino chi inveiva ipocritamente contro gli scandali all'ordine del giorno, sarebbe rimasto esterrefatto nel leggere la quantità di turpitudine che riempiva i fogli di quei verbali. Il PDG, suo malgrado, era l'archivio in cui veniva depositato lo sfascio del consorzio sociale e l'impossibilità della sua rimessa in pristino almeno minima.

A fronte di tutto questo, un moralista vero avrebbe gettato la toga alle ortiche. Ma Boscuccello era un esistenzialista. Quindi si contentava di un riso amaro in attesa dell'unico traguardo certo. Nel mezzo ci aveva messo un po' di speranza e di energia. Ma come poi si deve constatare alla fine di ogni esistenza, è andata com'è andata e comunque non è servito a niente.

Per questo Boscuccello fu sempre indulgente tanto con i giornalisti quanto con i detrattori.

Ai prima diceva, quando gli si assiepavano intorno per strappargli qualche dichiarazione, di scrivere quello che volevano e che lo aveva detto lui, tanto, pescando nel mazzo, comunque in qualche modo ci avrebbero preso. E quanto ai detrattori, erano i messaggeri catodici di un meccanismo che divorava se stesso per poi vomitarsi e ricominciare da capo. Alle loro accuse Boscuccello non replicava o replicava raccontando qualche barzelletta che aveva sentito dai *check-inners*.

Andando ogni volta in pace, dopo la messa eterna della sua solitudine.

XXI

I Signor Nessuno

Intanto ogni giorno a frotte andavano a iscriversi nel Registro dei Praticanti Avvocati.

Erano polacchi. Polacchi a Danzica. Avrebbero imparato presto la tecnica concentrazionaria del vivacchiare, privi di credo e di zelo.

Avendo sempre disprezzato l'idea del confronto e della comunicazione, assisteva alla processione dei nuovi deportati con la sguardo assente della monade.

Si metteva dietro una colonna e assisteva alla protocollazione di quegli speranzosi, a volte commoventi nel loro chiedere informazioni alle mummie dietro lo sportello dell'accettazione. Erano neolaureati che avevano visto un po' di vita metropolitana durante gli anni universitari e ora erano tornati perché l'amico del padre o di chicchessia poteva spingerli, a forza di pressioni, in qualche studio per imparare il mestiere. Così dimenticavano la metropoli e le notti a fumare hashish e a bere vino da due soldi tra milioni di cicche e tornavano. Tornavano in questi simulacri della vita, dove si faceva l'alba davanti all'unico bar della città sfornacornetti. Andavano a studio e poi al pub e la mattina in tribunale fumavano, andavano in udienza, ridacchiavano e aspettavano che passassero i due anni di pratica per fare l'esame da avvocato ed entrare a far parte della grande famiglia. Altri cinque, sei anni di gavetta, presso lo stesso studio dove avevano svolto la pratica e poi il tentativo di mettersi in proprio, che, nella maggior parte dei casi, si risolveva in un fallimento totale. Cause, causette, piccoli imbrogli, qualche favore fatto e ricevuto per tirare a campare, un po' di politica per procacciarsi dei clienti, il mutuo acceso per comprarsi la macchina sportiva e far finta di essere

arrivati, una borse in pelle piena di niente che però faceva scena, occhiali da sole sempre a portata di mano e una marea di chiacchiere, accordi, intrallazzi, truffette e il bigliettino da visita con il titolo di avvocato ben in vista. Questo era, per i più, l'esito di un percorso ventennale, che dall'università portava alla dorata miseria della professione legale. E l'iscrizione al RPA era la prima tappa di quell'internamento nel Panocticon della professione legale, che in più, rispetto agli altri carceri della vita, aveva solo un po' di luccichio, quello che proveniva dall'idea di essere parte della cosiddetta classe dirigente, quella di cui facevano parte a pieno titolo i liberi professionisti. Ma non esisteva nessuna classe dirigente. La società stava crollando a pezzi e nel disfacimento, venivano fuori le pulsioni ancestrali comuni al ricco e al miserabile, sicché il denaro e il prestigio sociale non riuscivano a creare una reale separazione tra gli individui, tutti ammassati nello stesso identico campo di concentramento, che divorava, nell'unico abietto pasto tutta la miseria umana.

Nelle file di questi disgraziati, falliti lampadati a venire, c'erano onesti perdigiorno, terrorizzati da qualunque idea di attivismo. Si erano iscritti al RPA perché non avevano niente da fare. Sfaccendati irriducibili, facevano durare la pratica legale il triplo della durata prescritta. Gli ritiravano il libretto perché non presenziavano alle udienze e loro daccapo. Si riscrivevano. Quando decidevano di averne avuto abbastanza, continuavano a brancolare nel PDG, perché non sapevano dove altro passare le mattine, finché l'indigenza, la disperazione o il suicidio non più differibile non ve li tiravano fuori.

Nell'agglutinamento generale, i praticanti non erano che briciole di un impasto senza centro né periferia. Il potere si era smembrato in una miriade di strascichi prosaici, dove proliferavano portaborse, ventennicuoalto e vanagloria. I processi decisionali erano appannaggio di impostori rubagalline finiti nel palazzo a calci, i ministeri erano amministrati da ex bidelli, marchettari e donne-pupazzo che erano riuscite a laurearsi e le libere professioni erano una specie di porto franco dove tutto era possibile. Le commistioni tra questi mondi contorti generavano un cortocircuito che coinvolgeva nella stessa laida spirale istituzioni, costume, legalità.

Questa pioggia acida cadeva sulle teste dei praticanti e presto anche i più volenterosi avrebbero cominciato ad allentarsi e poi a togliersi la cravatta, poi avrebbero lasciato a casa la giacca e si

sarebbero presentati vestiti come la sera prima al pub. Capivano che lo studio era un' amalgama di nozioni da plasmare a uso e consumo dello spaccio legale, tra cancellerie, formule di rito, udienze più o meno appaganti e talento se mai ve n'era. Ma il talento, l'unica cosa che poteva valere la pena salvare, finiva inscatolato nelle lungaggini necessarie per vincere la lotteria dell'abilitazione o nel giudizio di avvocati sul viale del tramonto che non ci stavano proprio a passare il testimone a promettenti eredi. La cultura di fondo dell'ambiente legale non tollerava l'incentivazione delle capacità dei giovani nessuno, erano potenziali sottrattori di clienti, minacce all'ordine costituito dei potentati forensi, che non alimentavano la propria floridezza con l'inserzione di energie nuove, ma annichilivano il potenziale di individui di talento schiacciandoli con il peso di farraginose commissioni, che avevano lo scopo di fiaccare le energie del talentuoso praticante, che alla fine comprendeva il gioco e si faceva da parte, facendo domanda alle poste.

Ovviamente questo valeva solo per i poveri diavoli figli di nessuno. Chiaramente i giovani rampolli delle famiglie bene in cui erano avvocati anche i cani da compagnia, avevano la strada spianata e se erano degli idioti, a causa del buon nome che si portavano addosso, avrebbero comunque goduto di quell'ossequio acritico riservato ai figli di qualcuno.

Così vecchi e giovani non si alternavano e la macchina dei professionisti del diritto si poteva inceppare, perché quando un numero consistente di rampolli non ripercorreva la strada dei padri, si creavano falle nell'oligarchia professionale, che non potevano essere riparate ricorrendo alle capacità di individui dotati ma senza blasone, pena la rottura di un'inveterata tradizione che aveva visto sì emergere insieme uomini di genio e napoleonici imbecilli, ma che non poteva essere rifiutata in nome di una metafisica della *chance*.

La Catodica era in questo molto più aperta. Era proprio la possibilità concessa a chiunque che ne costituiva la cifra. Anzi, maggiore era l'anonimato intellettuale dei suoi accoliti, più cresceva il richiamo dei suoi prodotti. La Catodica ungeva i suoi sovrani con l'olio santo della televisione e immagazzinava figuranti che arricchivano il palinsesto con le loro facce stupite di fronte alla grande fortuna che era loro capitata. Una cultura del cortiletto e del fattuccio scaldava i cuori dei poveracci che sarebbero morti con la speranza di entrare nella scatola magica, mentre quelli che c'erano riusciti osannavano la loro Benefattrice e si godevano una notorietà

effimera ma appagante. La notorietà dell'individuo qualunque, altrimenti insignificante. La Catodica macinava infatti bellezze e sfrontatezze con un continuo ricambio di gente comune, che poi tornava da dove era venuta. Gli ingranaggi sociali che stritolavano le aspettative di chi voleva combinare qualcosa, venivano compensati dalla possibilità concessa a chiunque di ottenere tutto.

I praticanti, come tante altre categorie di soggetti in attesa, si trovavano così a vivere tra due fuochi. Mentre li si escludeva perlopiù dal loro percorso naturale, la cultura arraffazzonata della massmediologia, che era poi quella corrente, fabbricava i suoi eroi escludendo chi aveva solo studiato. Due volte perdenti, i praticanti vivevano tra due realtà che alimentavano l'una il professionismo di pochi, l'altra le prospettive di troppi. Un inveterato codice dinastico scriveva le regole dell'accesso alla libera professione, mentre una cultura delle luci abbaglianti della ribalta favoriva la sola immagine e dimenticava la crudezza e la bellezza della scommessa con il successo, fatta di vite in perpetuo transito, in conflitto con se stesse, in luogo del tuttoesubito che per accontentare tutti non salvava nessuno.

La Catodica aveva fatto scuola e nel consorzio sociale i suoi metodi avevano fatto breccia, alimentando un desiderio di emersione dalla moltitudine a qualunque costo. I punti di tangenza con la vita tribunalizia non erano comunque pochi. Anche lì si voleva anche quando non si poteva. Al posto dei reclutatori di talenti catodici, c'erano amici, padri e conoscenti che provvedevano alla carriera dei loro figliocci, a volte dalle opinabili qualità. La loro immagine, il loro presenzialismo, la sponsorizzazione continua da parte del loro ambiente facevano dimenticare persino il più semplice buonsenso, quello che avrebbe consigliato di mandarli ad arare campi tutta la vita senza parlare.

Molti o pochi che fossero i privilegiati, illimitate o ristrette che fossero le *chance*, chi non era nessuno si presentava al Consiglio dell'Ordine e si iscriveva contando spesso solo sulla propria forza di volontà, una dote desueta e fuori moda.

Non potevano, i più, prevedere il proprio destino di progressivo annichilimento, né riconoscere da quale plaga ammucchiona fossero giunti: la serra dell'università pubblica aveva prodotto una messe di dottori famelici a cui sarebbe rimasta solo la fame e le trasmissioni del sabato sera.

XXII

Il Messia

Correva voce nel PDG che un non meglio identificato Messia sarebbe arrivato in mattinata, perché ormai si era giunti al fondo.

Ma si vede che il fondo non era stato ancora toccato perché il Messia quella mattina non si fece vedere. Anche se un giornalista giurò di essere riuscito a fargli qualche scatto mentre se la squagliava a bordo di un motocarro. Curiosamente nessuno si fece avanti per acquistare le foto: "È ovvio, non vale la pena", aveva misteriosamente commentato un avvocato esperto di Catodica. Il Messia probabilmente aveva pensato la stessa cosa a proposito della sua venuta. Nessuno voleva essere salvato. La salvezza implicava una conversione verso la giustizia nelle vicende umane, una riequilibrazione delle situazioni per cui ognuno avrebbe dovuto avere il suo. Ma questo significava riplasmare l'intero consorzio sociale, riscrivere la storia dei rapporti umani e delle loro dinamiche, scardinando anche certi meccanismi arrangioni tipici del mondo brillantemente eslege della professione legale. Anche i praticanti, che in teoria avrebbero potuto desiderare con più fervore l'avvento di un Messia, furono sollevati dalla sua dipartita. Una riscrittura delle regole di convivenza civili e professionali avrebbe cancellato gli *escamotage* appannaggio di quelli più furbi e scaltri, che avevano imparato presto come fare per farsi strada e che ora avrebbero dovuto seguire percorsi ordinari e troppo lunghi, troppo faticosi. Quelli che non avevano capito niente continuavano a non capire niente, e, nel loro caso, un Messia sarebbe stato un elemento di destabilizzazione troppo forte, avrebbe immesso nella loro quotidianità una presa d'atto delle cose che li avrebbe profondamente turbati. Naturalmente, ignari di tutto com'erano, percepirono appena la portata dell'evento, ma bastò loro per sentirsene colpiti e desiderare che non se ne sentisse più parlare. Quelli che avevano capito tutto, ma disdegnavano le scorciatoie, rifiutavano invece il Messia perché avrebbe sottratto loro il gusto per l'impresa solitaria di farcela senza raccomandazioni e i giorni del Messia avrebbero visto senz'altro la raccomandazione dei migliori

per la tenuta ottimale del consorzio. Esistevano individui animati da tali eroici furori che o si salvavano da soli o non volevano saperne di esserlo. Perciò nessuno si incuriosì per quelle foto e fu un segno dei tempi. Morivano così secoli e secoli di iconografia sacra, soppiantata da quella profana, infatti nessuno avrebbe resistito alle immagini rubate di qualche coscialunga al servizio della Catodica.

Tutto questo naturalmente valeva per visioni non apocalittiche legate alla venuta del Messia, che venne percepita, durante la pausa caffè, come un evento di stampo razionale che rimetteva a posto le cose e ne garantiva l'eccellenza, un'imposizione di cui nessuno sentiva la necessità. Oltre ad essere decisamente fuori moda.

Del resto, a nessuno passò per la mente anche solo per un attimo, che quello potesse essere un segno della fine dei tempi, non per il bislacco mezzo di trasporto, che non faceva testo a fronte di cotanto evento, ma proprio perché la riscrittura del mondo che nessuno voleva sarebbe stata così soppiantata da una fine del mondo, la cui possibilità era ancora più osteggiata da quanti, nel bene o nel male, avevano ancora tanto da fare.

E poi, se Boscuccello non era l'unico a immaginare il buco nero marino finale, del Messia non si sentiva l'esigenza. Non si desiderava la gloria della fine dei tempi, che avrebbe emesso il suo decreto sull'operato dell'uomo, ma la fine dei tempi e basta. Questo mondo, così com'era, doveva finire. Era la consolazione di quanti, come Boscuccello, sopportavano tutto senza accettare niente, con la freddezza che proveniva loro da uno spietato nichilismo.

Mentre si lasciava cadere nel nulla l'episodio, lui se ne andò sul terrazzo del Quinto a fumare, dopodiché, non sapendo che farsene della mattina, si mise a sfogliare fascicoli a casaccio. Sulle scrivanie dei giudici non c'era posto così li lasciavano dove capitava. Se ne trovavano dappertutto, sulle panche, sugli armadietti, sulle fotocopiatrici, certe volte anche a terra, calpestati da suole indifferenti.

Su una panca, nel corridoio del Quarto, trovò un fallimento. E dopo essersi perduto nelle carte per circa un'ora, decise di suggellare tutto questo inutile impegno andando a prendere l'ascensore dietro i plessi del Piano Terra, dove scrisse con il suo pennarello:

Non importa. Faremo un altro decotto. Jarry.

Non sapendo risolversi ad andare via, se ne stette con la testa tra le mani su una panca e quando fu giunto al limite della sopportazione, si alzò botticelliano e andò dal libraio del Piano Terra. Voleva comprarsi un codice purchessia. Lo fece così, senza pensarci, ma sconvolto, non sapeva bene perché. Forse era quel senso di caducità che gli procuravano quei fascicoli abbandonati. Forse voleva eroicamente e inutilmente salvare il diritto acquistando un codice. Un perfetto 'surrogato d'azione'.

Il libraio, un vecchio *punk* che aveva deciso che era meglio vendere codici che fumo, in udienza o fuori, vistolo fuor di sé, cercò di farlo desistere e gli disse con aria contrita:

"Dovresti essere felice. Si vede che non ci capisci niente. Dovresti continuare così. Perché vuoi acquistare un codice?"

"Per tenerlo sempre in macchina."

"Quand'è così."

"È così."

Si rese subito conto che quel bel codice rilegato gli procurava ora una malinconia feroce, che gli irrigidiva le spalle e gli pungeva il petto, come se la sua stessa presenza rappresentasse un monito rivolto a tutta intera la sua vita, sempre più priva di coordinate e di riferimenti. Un insostenibile esercizio d'oblio. E quel codice, con la sua dottrina, con la sua giurisprudenza, raccoglieva nella sua mole la precisione e la consequenzialità di un articolato normativo che invitava al ripiegamento su di sé. La sua vista era insopportabile, perché, dal canto suo, non riusciva a rintracciare nella sua mente un disegno organico, un proposito ordinato di studio e di concentrazione. Quel codice era il suo Messia. Era lì a garantire precisione, nettezza, raziocinio. Ma i tempi non erano quelli giusti per un regno delle regole. Il PDG, le strade, la gente, il cielo, la vita stessa, sembravano ormai avviate a un disfacimento irreversibile. Nel sottosuolo dell'esistenza serpeggiava qualcosa di apocalittico, una deflagrazione a venire che non avrebbe salvato nulla di quella tempesta di coriandoli che era diventata la realtà fuori e dentro il PDG. Senza saperlo si era reso, con la sua angoscia, molto più vicino a Boscuccello di quanto non potesse sapere. Ma Boscuccello galleggiava sul mare chiaro dello Jonio e il Maelstrom, quando fosse arrivato, lo avrebbe colto così, a vorticare con gli occhi chiusi, adottato dall'assenza. Lui invece era ancora sulla spiaggia vuota, con i piedi nella sabbia.

Così sulla strada per tornare a casa tirò fuori il codice dalla busta e lo usò a mo' di frustino sul portellone dell'auto, spaginandolo quasi tutto.

Una volta arrivato a casa gettò il codice distrutto in cucina, tra stoviglie e piatti sporchi. Gran fracasso di padelle unte sul pavimento, i resti del codice tutti imbrattati.

Lo prese una voglia indicibile di essere Rebecca Buendìa e buttarsi in mezzo al padellame a mangiare la carta ma qualcosa come una sensazione soffice lo trattenne.

Si schermò gli occhi con i soliti *rayban* enormi e si affacciò alla finestra. Guardò come morivano con dignità le foglie e amò la virtù dei gatti, che non computavano la morte più del sole o dell'asfalto infinito e senza orme. Le case cincischiavano con i palazzi, che fiorivano vuoti, di notte, quando i numeri civici erano i sigilli di una cabala che sarebbe sopravvissuta agli abitanti.

Stralontano, andò a buttarsi di faccia sul cuscino.

Fino a sera.

XXIII

Sette anni

Lo Jonio aveva sempre avuto qualcosa di freddo. Se ne ricordò una mattina che le foglie cadevano davvero. A distanza secolare dalle colline, nel silenzio sempre uguale, mentre Dio scarabocchiava la malinconia. La Catodica non toccava le giare in terra e i disegni ingialliti della sua infanzia. Lo Jonio non era un rifugio, ma lui soffriva per non essersi mai potuto congedare dai falò. L'età del legno e del sole restava scritta solo sulla libreria, tagliata dall'ombra dell'albero in giardino.

C'era un liquore forte nella cristalliera, una rassegnazione semipagana e tutto il dopoguerra tutto. E pioveva. Sulle ginestre selvagge. E sull'acqua fredda del mare.

La maledizione era il pomeriggio, soprattutto dalle tre alle sei. Quando l'aria era immobile e i codici resistevano, con le pagine rugate, sulla scrivania dove aveva dormito la sua giovinezza. Guardava le tende senza avere il coraggio o la forza di scostarle. Sapeva che fuori i tagli della luce svettavano sulle case o elencavano le ringhiere. Nel pomeriggio era scritta tutta la storia del tempo perso, dietro l'angolo di qualche viuzza c'erano forse ancora le vecchie scritte dell'adolescente liquido che era stato, vestito di porcellana e camicie di seta. Forse avrebbe potuto correre nei vicoli in cui una volta aveva rubato un bacio o inseguito un cane. Si era seduto su un muretto, aveva fumato una sigaretta, bevuto una birra, aveva riso. Ma quand'era stato? C'erano ora giorni in cui il cielo sventolava colori accesi e bruni, dopo i giorni della neve azzurra e del vento che spingeva indietro i corpi e le facce. C'era una borsa da avvocato seduta sul divano. E libri impolverati, aperti, chiusi, appuntati, che rivelavano la grana delle pagine e il mistero delle lettere inchiostrate alla luce che si infilava nelle fessure della stanza. Non sapeva né ridere né piangere. Era in quei momenti che gli tornavano alla mente i robusti pescatori dello Jonio, che sentiva parlare nella loro sacra lingua la mattina presto, sulla sabbia, venuti dal mare, al mare promessi. Proteggevano i sogni che si fanno a sette anni, quando le voci dei grandi sono bisbiglii di un mondo

terreo, ma che sa ancora vivere, assolato, lontano, con il mare nella pelle per sempre.

Quando le spiagge piene di miraggi correvano dietro ruote di bicicletta e la polvere fioriva nelle pinete come una nuvola eterna e la pelle era fresca. Nei bar c'era uno scorrere di vele terrestri e di stelle catturate. Sui canapè i ladri raccontavano e i bambini si guardavano nello specchio ammirati di tanta grazia. I più arditi cucivano albe notturne tra i pontili, a ridosso di molli banchine. A sera fatta, il suono delle cerniere delle tende da campeggio che si chiudevano sull'arenile. E dalle pinete un odore acre che circondava l'aria. Sul lungomare una gioia semplice. Di facce infilate in qualche tondo di pietra, di braccia che sfilavano i lampioni. E poi il sonno dolce, morbido. E al mattino i piedi arsi dei pescatori. Nella sabbia. Col cielomare intorno. Ma era passato troppo tempo e non ci si poteva più dedicare all'eternità.

Poi un vento pesante d'inverno aveva spazzato via l'infanzia.

Gli spiriti più allegri surrogavano l'antica felicità con piccole avventure rionali. I più malinconici si preparavano per tempo un'incapacità inguaribile a vivere. Così lo Jonio diventava un'onda lontana, una deriva dove qualche dio buono avrebbe dovuto condurre gli uomini tristi per placare finalmente il loro dolore. Non avevano perduto l'innocenza, avevano perduto tutto.

Avesse avuto almeno un po' di pena per se stesso! Quella nostalgia infinita ormai senza oggetto, se non un vago strascico di cielomare, lo consumava.

Il PDG, per quanto volesse frequentarlo in volo, aveva pur sempre delle regole. Che lo fiaccavano. E tornava straziato, come un aedo picchiato a sangue. Ogni sole, ogni pioggia, ogni arcobaleno erano dietro le sue spalle. Non era capace di morire. E della vita non sapeva niente.

Nei pomeriggi che fissavano i giorni della sua pratica legale, i suoi soli passi risuonavano per la casa vuota, sfiorati dal sole. Chiunque venisse dallo Jonio diventava prima o poi il tramonto che era.

Per questo, divenuti adulti, non restava che smarrirsi. Nel PDG o altrove, poco importava.

E telefonò a Camus:

"Suicidarsi qui? In una città di provincia? No, sarebbe troppo. Neanche Caligola…No, sarebbe troppo, sarebbe troppo. Troppa sarebbe la morte."

E la faccia gli si raggrumava. Lungo i campi di stoppie, al ritorno dallo studio, il cielo incendiato e una vaga tristezza di mani nell'erba fredda.

XXIV

L'allegra morte

Tra il Secondo e il Terzo Piano si fermò davanti a una finestra con gli infissi in alluminio. E guardò fuori. Popolani, carabinieri, commercianti, delinquenti, avvocati: tutti morti.

Morti di provincia morti sulla statale morti nelle strade vuote morti in macchine ridicolmente fresche di concessionaria morti di sballucci del sabato sera morti di pollai domenicali morti di sigarette sotto i portici morti ad aspettare morti ad arrancare al lavoro morti di solchi sulla faccia morti di bruttezza.

Il brutto: Hyeronimus Bosch non avrebbe trovato oggi i mostri a cui si ispirava per le sue visioni cesaree. Lo dicevano i critici. Si sbagliavano. Ce n'era di brutto, ma parecchio.

Eppure non odiava l'umanità. Non l'amava né l'odiava. Per quanto la bruttezza che solo la provincia poteva riuscire a forgiare lo disgustasse, avrebbe fatto qualunque cosa per tutti. Indistintamente. Ma come lo avrebbe fatto per un cane, per un foglio di carta, per un lampione, se fossero stati animati. L'insensatezza della vita lo portava istintivamente ad aver pena per quella fiumana condannata a morte dopo lunghi anni di nulla. C'era da impazzire a pensarci. Per questo, se avesse potuto, di fronte al dramma comune a tutti, avrebbe aiutato ognuno. Non provava piacere per questo. Lo faceva così, senza pensarci.

Persino la bruttezza imbellettata di donne sfiorite, che non erano mai state belle o la contadina presenza di uomini goffi con le sopracciglia unite e il torace grosso e ciondolante, cui era stato dato in sorte di poter studiare, gli apparivano solo come strumenti di un'unica implacabile sinfonia che si accordavano secondo un ritmo che travolgeva tutti, senza eccezioni. Perciò avrebbe fatto di tutto per tutti. Quando la ripugnanza per la miseria umana non lo avesse costretto all'isolamento più radicale.

Ma ad isolarsi del tutto non riusciva. Per quanto si percepisse come una monade sospesa nel vuoto, il richiamo dell'umano lo attirava tra i suoi simili. Dai quali non si aspettava nulla e ai quali nulla chiedeva. Solo, in qualche modo, l'esistenza dipendeva da un pur minimo riconoscimento altrui. Il riconoscimento. Era terribile doverlo ammettere. Il PDG, questa

una delle sue attrattive, era perfetto, in quanto luogo del raccoglimento e dello smistamento dell'umanità, dei suoi vizi, con l'alone malcelato che velava gli occhi dei meditabondi, ai quali non sfuggiva l'impossibilità di comprendere il nulla e la morte che delimitavano ogni vita, ogni movimento anche infinitesimo, ogni vittoria, ogni sconfitta, ogni esser giovane, ogni invecchiare.

Più la primavera andava inoltrandosi più si rendeva conto che ogni suo tentativo di razionalizzare le sue giornate e gli eventi che le caratterizzavano, lo gettava in una profonda confusione. Soffriva di attacchi di confusione. Che lo assalivano anche nel PDG. In quei momenti, l'inezia si impadroniva di lui.

Così anche quella volta ridiscese le scale, senza aver fatto niente, per tornarsene a casa anonimo e morto, infischiandosene di udienza e tutto.

Davanti all'uscita i *check-inners* canticchiavano motivetti popolari. Paonazzi, si giocavano la vecchiaia sfottendo gli avvocati più gaudenti. Battutine per farsela passare. Battutine su tutto. Era una trincea. Nata per sbaglio. Era uno scippo sul registro dell'esercito dello zar e lo zar l'aveva scambiato per il nome di qualcosa. E siccome nessuno poteva contraddire lo zar ci si dovette inventare una luogotenenza fasulla che avesse un nome: si chiamò Provincia.

Che era però anche il vento, che ricamava sulla strada di casa i marciapiedi e gli alberi, che gli faceva violinare per la testa immagini di viottoli russi di campagna.

Allora, con gli occhi chiusi, sorrideva brandendo lo sterzo come se stringesse le briglie di tre cavalli al galoppo e gridava:

"Non temere Tebaldo! È tutto un cimitero! Ti porto in troika al parco!"

XXV

Deserto meccanico

Disertata l'ennesima udienza penale se ne andò nel *Joy Division* con un faldone preso a caso al Quarto Piano e, dopo averlo fatto sventagliare solo per sentire il fruscio delle pagine, lo inzuppò d'acqua nel lavandino. Lo guardò a lungo mentre annegava e lo lasciò lì così, a gocciolare dopo che ebbe fatto scorrere l'acqua raccoltasi fino all'orlo del lavandino. Mise in scena per se quello spettacolo triste per produrre l'ennesimo 'surrogato d'azione'. Il diritto annacquato. Di fatto era un gesto senz'altro condannabile. Simbolicamente era in linea con lo stato natante delle cause. Questo pensiero lo fece sorridere e si sentì un emissario impunito del crimine che ghigna sui resti di un misfatto. Carte annacquate. La giustizia era da reinventare. Non ebbe il minimo rimorso. Nello smarrimento totale bisognava anche saper punire. Saper uccidere.

Scese nell'atrio ed ebbe la conferma delle doglie schizofreniche che annunciavano il prossimo parto dell'era maelstromiana. Lui almeno aveva l'alibi dell'esercizio solitario.

Vide sette avvocati che si sbracciavano urlandosi a vicenda le quotazioni di titoli di borsa immaginari e spingendosi l'un l'altro mentre uno gridava: "Non c'è tempo! Non c'è tempo!" Se li vide passare accanto come una nube di polvere allegra. Erano come invasati e come prima nel *Joy Division* non era arrivato nessuno, così adesso nessuno se ne stupì più di tanto.

Puntò allora verso il bar deciso a bere il più possibile, per pagare il suo tributo al male e alla follia, ma gli passò quasi subito la voglia ed invece ebbe solo desiderio di accasciarsi al suolo urlando: "Ti odio Sibelius! Ti odio!" Decise che era troppa grazia e sentendosi vuoto vuotissimo se ne andò verso l'ascensore del Piano Terra senza saper morire.

Amami. Rasputin.

Vide che dal bar continuavano ad entrare e uscire avvocati che pagavano caffè ad altri avvocati mentre i baristi facevano caffè per altri avvocati e alcuni avvocati zuccheravano il caffè di altri avvocati e poi bevevano il loro e uscivano sigaretta tra le mani.

Temette seriamente un ictus.

Come un automa slogato se ne andò alla fine a fumare sul terrazzo del Quinto Piano. E chiudendo gli occhi visse un'intensa storia d'amore con Greta Garbo.

Per fortuna sua aveva sempre creduto nei ricominciamenti rimbaldiani, nei ritorni di energia. Specie ora che i pomeriggi non si potevano più guardare né suonare e il cielo era una massa acquerellata che lo lasciava senza stati d'animo.

Ed era un morto tra i vivi o i vivi non riuscivano a dimenticarsi di sé. Non prendevano mai il volo, all'improvviso, tutti quei forzati dell'ontologia, né mai gli fu dato di vedere un'Assunzione in massa al Piano Terra.

Perché, nonostante non si fosse mai figurato nell'immenso giorno umano del tribunale, pure, quando esplorava la possibilità di farsi avvocato, doveva inventarsi una trascendenza, darsi delle visioni. La burocrazia come sconforto organizzato di scartoffie volanti per decenni gli procurava dolorosi spasmi e la catena logica che condensava lo studio negli atti era il distillato di infiniti teoretismi che non avrebbero mai visto la luce e a cui non potevano rendere giustizia le cattedre di diritto, poiché ciò che da esse promanava era un resoconto impeccabile della possibilità della possibilità, del dover essere *a priori* che avrebbe potuto giustificarsi solo come opzione irresoluta di fronte alla contingenza: l'atto faceva sentire la sua mancanza. Ma l'atto era a sua volta magro e artigiano, senza legittimazione autoriale, in fondo *sine studio*.

Perciò vedeva tutto come una specie di film a scena unica, che si protraeva per tutta la durata della professione. Se non altro aveva capito che nessuna teleologia era possibile in tribunale. Tutto era meccanismo, a lungo andare. L'orologio andava da sé.

XXVI

L'eterno ritorno

Non ci si raccapezzava con le cause perché i fascicoli sistematicamente non si trovavano o si trovavano con estrema difficoltà. Erano cause natanti fra le aule e gli stanzoni dismessi dei piani – a volte i fascicoli di un piano venivano scovati da qualche parte in un altro. Nelle cancellerie si trovava solo una minima parte dei fascicoli che avrebbero dovuto esservi custoditi. Ore e ore di caccia tra le cancellerie e le stanze. Capitava anche che le battute risultassero infruttuose. In tal caso si andava a memoria o, in subordine, ad arbitrio: "Tanto, interpreta interpreta sempre lì si va a parare.", chiosavano giudici e avvocati quando gli atti di causa risultavano irreperibili e ci si doveva affidare all'estro e alla memoria dei presenti.

I cancellieri, per parte loro, svogliatissimi, perlopiù facevano la loro comparsa in udienza lasciando sospese nell'aria piccole nuvole dense di fumo. Fumavano entrando, fumavano uscendo, senza soluzione di continuità. Per il resto, erano addetti alla tenuta degli armadi comunali che ospitavano faldoni di cause pluriennali legati con lo spago e tappi di penna rosicchiati. Di redigere i verbali d'udienza non se ne parlava.

D'altro canto, il verbale era una faccenda privata. Gli avvocati attestavano la loro presenza e quella dell'avvocato della controparte: "Ti metto presente?", diceva un avvocato all'altro che sgattaiolava fuori dall'aula per andare a sbrigare altre faccende, "Fai tu fai tu", rispondeva il collega in corsa; successivamente, salvo casi eccezionalissimi, chi era arrivato per primo verbalizzava anche per l'altro: in genere si trattava di riportare la decisione dell'avvocato della controparte di richiamarsi a tutto quanto precisato e dedotto nell'atto introduttivo del giudizio o in risposta alle lagnanze altrui e che, qualora l'altro avesse intenzione di contestare in tutto o in parte, si desse atto dell'opposizione ad ogni varia ed eventuale censura: "Che fai?", "Impugno e contesto!", "Tutto?", "Si si...tutto e tutti...fai tu fai tu..."

Terminata la stesura del verbale si sgomitava alla buona per arrivare con il fascicolo in faccia al giudice e non era facile: il

concetto di udienza pubblica era inteso, per consuetudine, come agglutinamento caotico di cicaleccio vario, rumore di scarpe e sventolio di fascicoli.

Quando finalmente arrivava il proprio turno si doveva dosare bene la voce nell'esposizione, per conservare un minimo di compostezza, perché nel frattempo c'erano avvocati dappertutto che guazzabugliavano fin sotto la scrivania del giudice in cerca di carte, borse e di qualunque cosa gli passasse per la testa in quel momento: erano anarchici ridanciani con le scarpe nuove.

A volte, nei casi più difficili, il giudice e l'avvocato si vedevano in separata sede e, visto che potevano prendersela con calma, aggiungevano al verbale pagine e pagine di filosofia scolastica che tanto i verbali sono verbali e chi vuol leggere legga.

Il momento dettoscritto del PQM era il più atteso. C'era quasi sempre un rinvio all'anno dopo. Quando il giudice era particolarmente in vena anche due, tre anni, a seconda: "Due anni? Ma facciamo tre via! Anzi no no! Mi voglio rovinare! Rinvio (silenzio tutt'intorno)…rinvio…facciamo (sempre silenzio tutt'intorno)…facciamo…ecco…fisso la prossima udienza tra…tra sei anni!"

"Bravo!"

"Grazie!"

XXVII

I Rumoristi

Per un paio di mesi nel PDG tennero banco i *Rumoristi*, un gruppo di avvocati che, partendo dalla considerazione che il diritto è politica e la politica è cosa pubblica, non c'era alcuna ragione per non includere la giustizia stessa nel novero dei *consilia ad adquirenda*, come aveva suggerito un avvocato latinista che si intendeva di Catodica.

Si trattava, in fondo, di rendere visibile l'operato della giustizia attraverso il suo spaccio trionfante. Una causa aveva avuto risvolti di particolare interesse civilpenalavorativo? Bene, che si facesse un po' di fracasso pubblicitario e si vendessero insieme ai fagioli e alle zuppe barattoli di gustosa giustizia negli spot prima del telegiornale: "In questo barattolo troverete, in formato tascabile, le battute migliori di Amiantopoli!" Cose così.

I *Rumoristi* avevano colto della Catodica l'aspetto mantrico, per cui se si ripetevano le cose millanta volte si finiva con il non pensarci più, perciò i barattoli di giustizia sarebbero diventati prodotti di consumo come ogni altra conserva e sarebbero stati usati e poi gettati via, diventando parte integrante delle occorrenze domestiche, senza che si pensasse più ai luoghi da cui proveniva il loro contenuto. La bistrattata giustizia sarebbe così entrata, alleggerita, nel cuore della gente attraverso lo stesso meccanismo attraverso cui vi entrava ogni altro prodotto catodico, dagli attentati di bonone telegeniche alla quiete coniugale, agli strilli di chi imparava a capire l'amore in salotti di plastica dove la gente urlava per contratto.

A modo loro, i *Rumoristi* erano pascaliani: il *divertissement* salvava dal grigiore di troppi mutui da pagare. E nulla vietava di applicarlo alla giustizia. Resa un coacervo di frizzi e lazzi d'udienza, avrebbe fatto dimenticare ai cittadini lo strazio dell'aver a che fare con il lungo addio della giustizia, schiacciata dai ruoli generali, dagli annosi rinvii e da certi irreversibili lassismi umani. Non volevano celare il corpo malato della loro musa, volevano solo farla galleggiare, che tanto per annegare c'era sempre tempo.

Privare del privato: questo era il merito della Catodica. Ed era questo che consentiva di teorizzare la pubblica vendita della giustizia: nomi, cognomi e faccende private venivano pubblicizzate cogliendo gli aspetti ritenuti più sobri di faccende altrimenti drammatiche. "All'udienza del giorno X l'avvocato Y disse aminta invece di amianto e il giudice Z si commosse ripensando a Tasso e ai suoi anni giovanili, di cui fornì un lacerante ricordo. Dieci minuti di applausi." I cittadini avrebbero avuto modo di consumare vasetti di giustizia per tutte le occasioni.

Del resto i *Rumoristi* erano avvocati che si erano buttati a studiare legge alla maniera di chi si spara in testa solo perché ha tra le mani un revolver e non potevano nascondersi di aver desiderato, almeno una volta, di mettersi una giacca coi lustrini e spararne qualcuna buona.

Purtroppo finirono con l'autofagocitarsi. Non si misero d'accordo sulle strategie di marketing da adottare per i loro barattoli. C'era chi imponeva come condizione la denominazione di origine controllata e chi voleva che li si vendessero anche nelle edicole. Chi proponeva una selezione ragionata delle migliori uscite di giudici e avvocati in corso d'udienza, etichettando i barattoli in base all'oggetto della causa e chi il loro riempimento casuale. Chi di venderli accompagnati da frittelle e chi da matite colorate. Chi voleva ricavarne un musical e chi pensava di fermarsi ai supermercati. Era una giustizia da bere. Un prodotto folle della Catodica, che non aveva fini satirici, ma di alleggerimento del dolmen giudiziario percepito dalla coscienza collettiva. Si trattava soltanto dell'impresa di scapigliati con il codice sottobraccio che aspettavano le vacanze. Erano perfetti per i tempi. Ma troppo sconclusionati. E anche questo era tipico del tempo. Non potevano durare e non durarono. La loro eclissi parve a qualcuno l'eclissi cui inevitabilmente stava andando incontro lo spirito delle leggi. Erano un sintomo. Dei *Rumoristi*, dopo qualche tempo non si ebbe più notizia. Alcuni cambiarono Corte d' Appello, altri espatriarono. I reali motivi della diaspora rimasero però ignoti. Dimostrarono così che dietro il *divertissement* si nascondeva qualcosa di oscuro da cui era meglio fuggire, abbandonando la propria vita precedente. La giustizia alleata della Catodica mostrava così il lato nascosto e inquietante di tutto quel diffuso gironzolare sorridendo in giro e ammiccando come se tutto non fosse altro che un vuoto viaggio allegro.

Quando i *Rumoristi* sparirono dalla circolazione andò ad annotare in ascensore:

Potenze. Strindberg.

Mauro Savino

XXVIII

Dal terrazzo del Quinto Piano

E venne l'estate.

Era tempo di telefonare a Rimbaud.

"Capisco il caffè e le pelli da Harar, signor Rimbaud, ma io preferisco la stagione della domesticità. Aspetto l'inverno."

In effetti lo disturbava la banale infiorescenza estiva e la conseguente fregola plebea che eccitava la voglia di scoprirsi della solita parata di bestioni e donne con le gambe storte, con quell'accanimento da messinscena festivaliera che tagliava gli occhi. L'inesorabile sole convogliava i gemiti di un'umanità vitalista e pretenziosa nell'allegria spiccia dei locali notturni, nelle auto infuocate di falliti a vita e in quelle superaccessoriate di professionisti incartapecoriti e dei loro figli e figliocci, nella gran sala da ballo del mondo scoppiato, dove il denaro compra tutto e la morte è una vecchia sedia buttata in un angolo. Scandali, scandalucci, giri sporchi che alimentavano un fuoco catodico fatto di illiceità e sdoganamento degli istinti più bassi in una melma di denaro, prostituzione e vecchiume di stato, si mischiavano con il lassismo della classe forense, che vivacchiava perlopiù nel pressappochismo e organizzava corse all'oro maneggiando, truffando e ridacchiando. La Catodica aveva assemblato il materiale grezzo dell'ambizione e dell'arrivismo facendone una *machina mundi*, i tribunali si riempivano di personaggi luciferini giacca e cravatta. I due mondi, già da sempre interconnessi, si erano ora ritrovati con gran rumore di scodelle e di piatti, sull'onda delle inchieste che avevano portato a galla un mondo prosaico e variopinto di facce tirate e tasche pesanti. L'estate accelerò la corsa infuocata verso il nulla di un'umanità che non aveva più niente da dire. E il vuoto si riempiva di malinconie serali, quando, passata la giovinezza e la bellezza spensierata delle allegre notti e giorni in cui le tagliole della cosiddetta società non hanno ancora intrappolato la meraviglia e la scoperta, non restava che un liquore forte e un pacco di sigarette sul tavolo. E un ricordo vago di risacche joniche. Di mare. Di lontananze mitiche a ridosso dell'orizzonte.

Stanco stanchissimo con tutto il peso della vita e di un dolore inspiegabile addosso, giunse a progettare nell'afa di chiudersi in casa fino alla morte, rannicchiato in un angolo a ripetersi è quel che è.

Per qualche ragione assecondò una sorta di lenta capitolazione e si trascinò in tribunale nei giorni che precedevano le ferie legali, in preda alla nausea.

Una mattina, sul tardi, davanti al Consiglio dell'Ordine degli Avvocati gli si fece incontro un avvocato forestiero che gli chiese dov'era il terrazzo per andare a fumarsi una sigaretta. Gli mostrò la strada ma essendogli venuta voglia di fumare si offrì di accompagnarlo.

Fumando fumando l'avvocato gli chiese:

"Secondo lei a che altezza siamo da terra?"

"A occhio e croce direi abbastanza da sfracellarsi se ci si butta di sotto."

"Qualcuno lo ha mai fatto?"

"Non che io sappia."

"Che tempi son questi senza più nemmeno voglie estreme."

"Ce ne sono ce ne sono invece. Il guaio è che ce n'è per tutti. Così pare che non le frequenti più nessuno."

"È vero. Del resto, una volta assassinato il tragico…"

"…Non c'è più morte."

"Vivere, morire, buttarsi di sotto, buttarsi di sopra. Vado pensando che sia lo stesso in ogni caso. "

"Certo. Ci penserà la morte, in un giorno qualunque, a levarci di mezzo. Tanto vale campare."

"Quando mi son fatto avvocato pensavo di combinare chissacchè. Ora ho cinquant'anni e fumo su questo terrazzo guardando di sotto. La vita è un enigma."

"Un enigma triste."

"Già. Ma poi chissà."

"Chissà."

"Lei è un avvocato?"

"Solo un praticante."

"Bè, ha tempo prima di deprimersi come noialtri che invecchiamo tra le carte e spizzichiamo quel po' di vita che riusciamo a spizzicare, almeno quelli più sobri tra noi."

"Non saprei. Del resto tutto il tempo è tempo perso."

"Può darsi. Me ne vado a lavorare ora. M'è passata la voglia di ammazzarmi."

"Siamo già ammazzati."

"E così tutto torna."

"E così tutto torna."

"La saluto."

"Arrivederci."

"Arrivederci."

Andò all'ascensore del Piano Terra ed annotò:

1802. Hoelderlin.

Quella sera dovette affrontare una 'causa atomica' tra le più difficili, più che altro per l'animoso carattere delle parti. Estrasse infatti dal bussolotto i nomi di Rousseau e De Vattel. Chiunque avrebbe fatto carte false per non essere al posto suo, ma ormai annottava e fuori pioveva troppo. Tanto valeva.

"Sei un povero ingenuo! Credi ancora nell'internazionalismo!"

"E tu allora, con le tue piccole repubbliche?"

"Si va verso l'isolazionismo, solo voi irriducibili ecumenici continuate a sognare di questi universalismi ridicoli!"

"Sarà ma noi almeno non sputiamo nel piatto dove mangiamo!"

"Che vuoi dire?"

"Fai man bassa di Hobbes e poi lo denigri nell' *Etat de guerre!*"

"Ma piantatela! Vi attaccate tutti alla gonnella di Grozio!"

Passarono ore prima che si calmassero un po'.

In un momento di tregua fra i due approfittò per lanciare una proposta che sola poteva metterli d'accordo, almeno fino alla prossima udienza.

"Signori, vi propongo un tentativo di conciliazione presso il collegio arbitrale di Amsterdam. In caso di esito positivo pubblicazioni gratis per tutti."

Si quietarono, ma di quel che avvenne poi non seppe nulla perché si addormentò sulla sedia come un Marat assassinato.

105

Si svegliò nel cuore della notte in preda a visioni liquorose e fragili come un guscio d'uovo. Vide occhi sconosciuti nel ritmo spezzato del buio acido che lo circondava. Si sentì addosso tutto un inutile peso che lo gravava come la coscienza del proprio trascorrere avvertita ascoltando frasi brevi davanti alle vetrine, scorgendo gente che sorrideva dalla finestra, passando i pomeriggi a disegnare schiene e a sognare azzurri.

Stava passando.

XXIX

La *Penale 1872*

Boscuccello si rifece vivo in grande stile:

"Basta! È ora di porre mano alla riforma dell'Udienza Penale!"

I primi a schierarsi con lui furono i Firmatori. All'unisono. In quanto membri del Consiglio dell'Ordine volevano fornire la loro partecipazione autoriale. Ma riceveva consenso anche dai praticanti, che lessero nelle sue idee qualcosa di ineluttabile.

Boscuccello mise insieme, per redigere la Carta della Riforma, un'*equipe* di studiosi provenienti ognuno da un Piano diverso.

La Carta venne rubricata come *Novum Opus Poenale 1872*. In seguito invalse l'uso di riferirvisi con la formula abbreviata *Penale 1872*.

Le udienze si sarebbero tenute dalle dieci a mezzogiorno, salvo deroghe circostanziate quanto all'orario di chiusura e avrebbero seguito un protocollo obbligatorio e inderogabile, che fu stabilito con minuziosa sollecitudine dagli esperti e da Boscuccello.

Anche l'architettura delle aule penali fu ridisegnata per contribuire a dare lustro alle udienze che vi si sarebbero tenute.

Le porte si sarebbero aperte alte fino al soffitto, che riprendeva lo stile delle volte gotiche e al momento della loro apertura dovevano essere accompagnate dal gesto elegante di un paggio. Furono posti dei trittici ai lati dell'aula, per i quali furono ingaggiati dei facitori di cose fiamminghe e per volontà unanime furono murate tutte le finestre esistenti e non se ne progettarono di nuove.

Dopo l'apertura delle porte – che era espressamente stabilito durasse un quarto d'ora – si poteva, ma con calma, prendere posto. La Carta stabilì che agli avvocati più illustri per tacito riconoscimento fossero riservati tavoli in mogano stile rococò muniti di microfono e una semipresidenziale con allungatoio per l'avambraccio. A seguire dovevano essere sistemate delle lunghe panche inframmezzate da pannelli di pelle nera destinate rigorosamente al seguito dei migliori. Per gli altri, e a futura

memoria, c'erano pancacce d'abete dalle quali, una volta che ci si era seduti sopra, non ci si poteva più alzare fino a fine udienza. Il pubblico ammesso era costituito da un ristretto numero di addetti ai lavori. Tuttavia, una volta al mese, era concesso ai curiosi di assistere all'udienza, ma senza fiatare, pena micidiali colpi di fioretto degli schermidori che erano stati scelti quali tutori dell'ordine in luogo dei soliti carabinieri con gli occhiali.

L'udienza prendeva l'avvio trenta minuti dopo le dieci, per consentire gli allestimenti di rito.

Quando tutto era pronto, un inserviente avvertiva i presenti di fare silenzio suonando sette volte un campanello.

Dal fondo compariva allora, lievemente siparieggiante, il cancelliere, passo svelto e capo chino a indicare sottomissione. Era poi il turno dello stenografo, cui era concessa un'aria più baldanzosa, in considerazione del fatto che delle sue scritture si sarebbe parlato per anni e anni.

Poi le voci, già tassativamente flebili, tacevano del tutto. Era il momento del *Magister Artium*, colui che conduceva l'udienza, e che era proibitissimo chiamare giudice: reato punito con la detenzione in uno stanzino del Secondo Piano, con minimo edittale estratto a sorte da un'anfora.

Con andatura decisa il MA si faceva avanti come un Loyola senza papa, dunque pericolosamente orfano.

Preso posto con tutta la lentezza di cui era capace, il MA suonava un campanellino e dopo una rapida diagnostica casse era dato cominciare.

Dopo l'esposizione dell'accaduto e la citazione obbligatoria di almeno una cinquantina di articoli, il rito prevedeva che uno degli avvocati, a torto o a ragione, andasse a sedersi di fronte al MA e confessasse di aver sbagliato tutto – quale degli avvocati veniva deciso tirando a dadi. Era una disposizione voluta da Boscuccello per sacramentalizzare l'udienza.

Per ognuna delle parti in causa erano prescritti accessori che dovevano essere ben visibili sugli abiti pena il rinvio dell'udienza. I testimoni dovevano portare una spilla sul cui retro era incisa in greco la massima "Vediamo e non vediamo le stesse cose"; gli imputati dovevano portare un tulipano nero all'occhiello e battersi il petto ogni venti minuti; i magistrati dell'accusa erano tenuti ad indossare camicie dalle maniche a sbuffo e gli avvocati della difesa dovevano comparire con un fiore in bocca che andava

consegnato ai cancellieri e poteva essere ritirato a fine udienza: era molto importante che non fosse per appassire. Le altre parti processuali dovevano comparire con una catenina pendente dalle tasche della giacca, che dovevano far roteare ogni mezz'ora.

Non erano previste formule di rito per chi deponeva, se non un "Quanto affermo lo dico io", cui il MA rispondeva "Tu l'hai detto". Le deposizioni dovevano essere il più stringate possibile e quelle che apparivano al MA troppo prolisse potevano essere troncate a discrezione di quest'ultimo.

Quando il MA veniva ad essere soddisfatto dell'udienza, pronunciava la formula: "Estote felices" e lentamente tutti guadagnavano l'uscita. Capitò tuttavia che qualche MA anticonformista si lasciasse andare a formule non contemplate del tipo: "Basta! Sono stufo di questi bacilli codicistici!", che sortivano l'effetto di una rottura della tensione accumulatasi per ore nell'aula, che a quel punto veniva giù dagli applausi, con gli avvocati che sventolavano in alto berretti di velluto. Il tripudio era tale che simili deviazioni dal protocollo furono tollerate.

Su di un lato dell'aula era stato sistemato il panchetto per l'Uomo con la Livrea, che aveva il compito di annotare i *mirabilia* del giorno perché fossero consultabili dalle generazioni future a onore e gloria del PDG.

Se l'udienza si protraeva per più di due ore, al MA era data facoltà di concedere una pausa con il campanellino. Nelle pause – non era previsto dalla riforma ma divenne consuetudine – agli schermidori anchilosati era concesso di addossarsi col ventre contro le colonne corinzie ai lati delle porte, purché fosse ben visibile la dimidiazione.

Raccolti sufficienti elementi di giudizio, il MA dichiarava la fine dell'udienza, ma la *Penale 1872* gli concedeva ampia discrezionalità come per l'allungamento così per l'accorciamento dei tempi d'udienza e poteva chiudere quando lo riteneva opportuno, avessero o no finito gli avvocati o le parti di fare la loro parte: era la cosiddetta *disposizione Shoenberg*, costata mesi e mesi di diatribe concettuali. Venne proposta e infine accettata unanimemente da un certo avvocato Zevi il quale sosteneva che i tempi richiedevano la capacità di saper correre all'indietro per non ritrovarsi, da un momento all'altro, nel burrone del diritto perduto: bisognava approfittare di occasioni come queste per smorzare i tempi dell'udienza, cosa che, se voleva ottenere effettività, poteva essere

messa in atto solo a seguito di un atto di interruzione discrezionale delle operazioni in corso da parte di chi conduceva l'udienza. Naturalmente, spesso questo potere venne esercitato arbitrariamente, ma si era così ingolfati tutti nelle lungaggini tribunalizie che della *disposizione Shoenberg* si ebbe sempre afasico rispetto. Forse perché era la metafora di corse anche più nefaste, avvertite oscuramente dalla coscienza sfumata degli avventori del PDG, che perciò credettero così di esorcizzare il male della enigmatica corsa in avanti che ormai caratterizzava la vita sbilenca del PDG.

Ogni udienza doveva comunque terminare con una formula fissa, che il MA doveva gridare, ma a piena voce:

"Tempo scaduto! I candidati posino le penne sul tavolo e richiudano il questionario con le domande!"

XXX

Piccolo cristo

Sebbene gli piacesse ancora andarsene a fumare al Quinto Piano, trovò che tumularsi tra le pareti metalliche che delimitavano le scale antincendio del Secondo Piano costituisse un'alternativa più che valida, anche perché gli consentiva di vagheggiare in libertà. Inaudito si ripeteva spesso: "Retrocedere, retrocedere bisogna!"

Al Fumatoio del Secondo lo colse una mattina un certo torpore. Iniziò a blaterare di torri di Babele al contrario, ventimila leghe sottoterra. E giù a salire…

Si addormentò sulle scale antincendio.

Lo svegliarono un paio di Firmatori di passaggio che cercarono aiuto credendolo collassato. Fece finta di stare male davvero mentre ci si dava da fare per rianimarlo, lì sulle scale. Li lasciò fare. Decisero di portarlo nella Sala Fotocopie, trasportandolo come un ferito, un avvocato gli teneva le caviglie, un altro lo aveva afferrato sotto le ascelle, un paio di cancellieri fumanti offrivano un supporto di sicurezza ai lati. Lo adagiarono infine su un bancone tra spillatrici e protocollame.

Svanì così per una cinquantina di metri, a occhi socchiusi, a peso morto, mentre lo trasportavano attraverso la grande sala centrale del Secondo, il volto completamente sciolto e le braccia abbandonate, tutto il corpo molle come in deliquio: un piccolo cristo con la giacca di pelle nera in un sudario di braccia umane. Sarebbe rimasto, quel trasporto, la cosa migliore della sua pratica legale, l'unica degna di essere ricordata nel Grande Oblio che fu la sua pratica legale.

Quando si decise a rinvenire – un medico legale rintracciato nel frattempo aveva già diagnosticato un semplice calo di pressione – lì su quel bancone, tra le spillatrici e le facce di vecchi avvocati ingiaccati, dovette escogitare un modo per liberarsi da quell'assedio.

Si alzò lentamente simulando un forte stordimento e si avviò per guadagnare l'uscita. Con la mano sulla fronte, barcollando, disse solo: "Grazie…grazie molte…mi scusino…prendo molte medicine…mi scusino…" Alcuni tra i presenti si offrirono di accompagnarlo ma lui rifiutò, inventandosi lì

per lì un personaggio a metà tra un ubriaco convalescente e uno che ha fatto un brutto sogno. Se ne andò gesticolando con le braccia in segno di ringraziamento e fu subito solo in mezzo al PDG deserto delle due del pomeriggio.

Salì fino al Quinto Piano. Si fermò sul pianerottolo e si sedette di fronte al muro grigio di cemento armato. Si avvicinò al muro fino a toccarlo col naso e fissò ogni minima increspatura della parete. Resto così finché non gli fecero male gli occhi. Qualche lieve sibilo ogni tanto, qualche ironia, fu tutto quello che si lasciò dire.

"Eh si…eh si…e poi…alla fine…"

Uno sciocco residuo di socialità lo costrinse ad abbandonare l'idea di starsene lì a mormorare all'infinito. I miasmi intollerabili dell'umanità, la grande casa lavoro del consorzio umano lo chiamavano ancora a redigere la sua nihilografia. Lontano, in qualche deriva oceanica si agitava il Maelstrom, qui, su questa spiaggia dal dorso increspato, si scrutavano piccole onde lente e tutto diventava ciò che era sempre stato. Acqua. Acqua nella notte rossa nella sera nuda di facce al vento nell'asfalto dentato sulla pelle del mondo tra i fari ghignanti della notte negli occhi di un'altra Ofelia morente sulle carezze della sabbia e sul tempo che strilla.

Ebbe una gran voglia di rimettersi a dormire.

Con gli occhi appiccicati al muro, lesse, prima di andare a giustiziarsi, una piccolissima scritta:

"Ecco."

XXXI

La prassi cammellare

In una fotocopiatrice in disuso, in uno stanzino del Secondo Piano, prese a nascondere bottiglie di scotch, il cui contenuto versava poi in ex flaconi di sciroppo, che si portava nel *Joy Division* nell'orario in genere corrispondente alla pausa post prandiale, e che, dopo aver vuotato, lasciava in un angolo. Non premeditava la bevuta. Si lasciava fare. Così, seduto sul water. Quand'era in vena poi, usciva dal *Joy Division* e vagava per le aule come uno spettro macbethiano.

Capitava che si stessero tenendo ancora udienze protrattesi oltre l'orario di visita, sicché, sonnecchiando in aula, vagheggiava entrate alla Petrolini mentre in udienza andavano in scena i soliti metalmeccanici, il solito amianto, la solita strada bianca come il sale e i soliti *ergo*. Ogni tanto gli scappava un piccolo mugugno. Si girava qualcuno. Allora si metteva la testa tra le mani e un codice a un palmo di naso e, per immunità libraria, se la cavava sempre. Del resto, se anche qualcuno si insospettì, fece finta di niente: erano tempi animati da una certa liberalità: spesso, finite le udienze, le cancelliere si chiudevano a chiave nelle stanze a ballare, con la musica alta e certe risate sguaiate che riempivano i corridoi. Ma forte. Glielo si consentiva perché la loro pelle ormai intristiva e uscite dal PDG avevano i loro bei cent'anni di solitudine da scontare.

Una volta, avendo alzato un po' il gomito, decise di contravvenire alla regola che si era dato di firmarsi il libretto da sé e cercò un Firmatore. Venne così a conoscenza della cosiddetta 'prassi cammellare'.

"Scusi, avvocato, mi firmerebbe il libretto per vistare la mia presenza all'udienza conclusasi pocanzi?"

"Certamente."

"Grazie."

"Io aspetterei a ringraziare…Oibò! Ecco i cammelli!"

"Cammelli?"

"Si, si, cammelli, cammelli…ma come?! Lei è all'oscuro della 'prassi cammellare'?"

"Sì."

"È grave. Lasci che le spieghi. Avrà sicuramente notato che spesso, durante le udienze, e a prescindere dalla presenza o meno di sedie libere e posto per scrivere, gli avvocati sono soliti intimare ai praticanti di chinarsi un poco perché possano, gli avvocati, posare i fascicoli sulla loro schiena e scrivere il verbale."

"Sì, l'ho veduto."

"Ecco, quella è la prassi cammellare."

"Ma perché indipendentemente dalla presenza di sedie libere e posto per scrivere?"

"Il primo Presidente dell'Ordine degli Avvocati era un platonico senza scampo. Quando arrivò l'ora dell'addio, in un cassetto del suo studio fu trovata una nota in cui auspicava che il PDG riscoprisse il valore delle matematiche come punto di raccordo tra il reale e l'ideale, traducendo poi quest'istanza teorica nella pratica forense, il che sarebbe potuto avvenire soltanto recuperando l'antico senso della disciplina in tribunale e senza che ciò si facesse redigendo decaloghi, ma scegliendo una regola che valesse come monito non scritto ma ossequiato costantemente.

Si riunirono i cervelli migliori per attuare questo proposito a onore e gloria del caro estinto. E dopo consessi penosi e sfiancanti, la scelta si ridusse a due possibilità. La prima: alla fine di ogni udienza si sarebbero dovute scendere, o salire, le scale facendo un passo avanti e due indietro. La seconda: che gli avvocati avessero l'agio di servirsi del rachide del praticantato, per forgiarne lo spirito, oltreché per supplire alla mancanza di congrui arredi. La prima possibilità fu scartata per due ragioni di fondo: intanto per i tacchi delle donne sarebbe stato un disastro. In secondo luogo, non ci si sapeva decidere su chi avrebbe dovuto fare un passo avanti e due indietro: se i praticanti, gli avvocati o tutt'e due insieme. Fu gioco forza optare per l'alternativa. Fu un nicciano del Secondo Piano a suggerire di chiamarla 'pratica cammellare'. Ma visto il successo dell'iniziativa, il nome fu mutato e venne consacrata l'espressione 'prassi cammellare.'"

"Notabilissimo."

"Lei non sia mai stato cammellato?"

"Non ce n'è il tempo. Il mio *dominus* è occupatissimo a far valere i diritti di quegli operai che dopo quarant'anni di fabbrica sono miracolosamente sopravvissuti a se stessi, resistendo alla tentazione fortissima di farsi fuori. Si scrive dove si può, ma a farlo

sulla mia schiena si perderebbe troppo tempo a sistemare il fascicolo, a scrivere facendo attenzione ai fogli eccetera, sa, c'è parecchio da scrivere...E comunque il mio *dominus* non ricorrerebbe alla prassi. È ateo e chinarsi è roba da cristiani. Va bene ora la saluto. Devo andare."

"Vada, vada. Ah! La firma!"

"Non si preoccupi, farò vistare il libretto domani, ora devo proprio andare."

"E sia."

Vistò l'udienza firmandola Piero Ciampi e si scolò una bottiglietta di scotch.

XXXII

Fine primo anno

Dopo il solito spreco estivo, sul finire del primo anno di pratica, prese ad addormentarsi regolarmente con il *Clair de lune* di Debussy, sempre che non ci fossero cause atomiche. Tuttavia aveva abdicato da tempo alla malinconia da camera: "Vedi come sono triste o notte?". Perciò si trattava solo di una tiepida liturgia che lo accompagnava nell'incoscienza.

Serpeggiava piuttosto in lui un'inconsistenza, un'implantologia continua sulla vita, lui da sempre privo di volontà, senza corse sui prati e rifugi sotto le colline. Per questo si industriava di sorprendersi continuamente a camminare sull'acqua e di passare come un banco di nebbia.

Del resto, da un pezzo, non chiamava più Kant. Aveva smesso di credere al suo finalismo da quando aveva cominciato a considerare il mondo come gran baraonda-vuoto a perdere, con l'aggravante che, sfinito, il mondo chiamava in causa qualcuno dei piani alti per mettere un po' d'ordine, con il risultato di peggiorare le cose, perché di ordine non se ne vedeva affatto. Il manuale di diritto internazionale su cui aveva studiato molti anni prima, pur tormentato dall'influenza, conservava pagine croccanti di lacrime, ma a che scopo lo avesse mai fatto era impossibile dire.

Gli restava certo Puskin, che telefonò quando l'autunno cominciò a spuntare dietro l'estate:

"Oh Signor Puskin! Quel suo fabbricante di bare! Quel suo fabbricante di bare!"

E poi gli restavano i 'surrogati d'azione'.

Uno dei suoi preferiti consisteva nell'alzarsi la mattina presto, scendere in strada e lanciare sassi ad auto immaginarie. Ma con tutta la forza. Inevitabilmente finì per compiere il gesto in modo del tutto meccanico. Non ci pensava più. Finché una mattina centrò un parabrezza. Inevitabilmente il fatto divenne materia per la 'causa atomica' di quella sera, in cui, caso unico, vestì i panni sia del giudice che del convenuto (la proprietaria dell'auto era la solita Netocka) e contravvenne alla prassi di estrarre i nomi delle parti dal bussolotto.

"Giudice, che mondo è mai questo, dove per non tirar sassi a se stessi li si tirano contro le auto?"

"Giudice, mi si accusa ingiustamente. Non posso aver tirato un sasso all'auto della signora. Come vede non ho le mani."

"Signor convenuto non è il caso di fare della patafisica."

"Giudice, se avessi avuto le mani le pare che le avrei sprecate? Nel secolo delle mani?"

"Giudice, quest'uomo è matto!"

"No, signora, disse il giudice, è stato nella morte e la nostalgia della vita lo ha portato fin qui."

"Voglio il mio parabrezza."

"Avrà molto di più. Avrà l'illusione del convenuto di aver fatto qualcosa."

Poi abbandonò il capo a peso morto sulla scrivania e perse coscienza.

Il mattino dopo si diede ad un 'surrogato d'azione' meno invasivo. Prese il tamburello e sfidò Albinoni per una vecchia faccenda legata all'*Adagio* e che era ora di risolvere. Interruppe la sfida quando, ad una certo punto, si toccò il collo del piede con la suola della scarpa e sentì le campane. Il miracolo lo condusse come in *trance* al tribunale, dove, per tutta la durata dell'udienza penale, circa due ore, non fece che guardare sempre nella stessa direzione. Autistico. Azzerato.

Nell'atrio, a fine udienza, si nascose dietro un distributore di lattine di coca-cola a fissare fantasmi di passaggio e quando comparve un'avvocatessa di grido le disse:

"Lei è troppo alta sa?"

"In che senso scusi?"

"Dovrebbe stare sempre al Quinto, qui al bar c'è troppa umanità, troppo lavoro."

"Ha ragione. Ma qualcuno deve pur farlo."

In quel momento un ex cancelliere che faceva lo sciopero della fame da giorni, consumò le sue ultime energie abbattendosi sulla vetrata dell'ingresso del PDG e gridando nel contempo: "*Verfallenheit! Verfallenheit!*"

Quella notte si addormentò stordito e anemico e sognò di essere stato convocato dal Consiglio dell'Ordine degli Avvocati per l'abilitazione al patrocinio legale, che poteva essere richiesta dopo un anno di pratica. Non lo aveva mai sfiorato l'idea di chiedere il patrocinio, perciò non si dette mai ragione del perché di quel sogno.

Forse era la suggestione che gli veniva dal pensarsi seduto davanti ai Firmatori come davanti a giudici del suo anno di pratica. Nell'atmosfera rarefatta del sogno si vide, del tutto straniero, giungere al Quinto Piano per recarsi nella stanza dei bottoni, ma senza sapersi decidere ad entrare. Un cumulo di visioni lo assaliva senza che tra di esse riuscisse a cogliere un nesso: la punta delle scarpe nere il sole divenuto di ruggine tacchi di donna grandi soprabiti di uomini più alti del normale avvocati con un passato troppo jeans praticanti a boccaperta urlatori che si materializzavano al Piano Terra gridando: "Oh voi ariacondizionati!" e il solito Jodorowskij. Alla fine si faceva violenza ed entrava. Si ricordò a grandi linee il dialogo onirico con un paio di Firmatori: "La stavamo aspettando", "Ripassavo la relazione", "Non serve. Lei pensa di fare l'avvocato?", "Sono un intellettuale, della vita non ne so niente", "Vuol fare dunque domanda di patrocinio?", "No", "Allora cosa è venuto a fare?", "Per provare l'ebbrezza di dire no", "Bastava non venire e dirsi no da solo senza coinvolgere noialtri non le pare?", "Non sarebbe stato lo stesso", "Quindi lo ha fatto solo per farci perdere tempo", "No, per perderlo io", "E noi che c'entriamo?", "Voleva un pubblico per autorappresentarmi", "Questo non è un teatro!", "Ne è così sicuro?", "Certo!", "La mattina quando entriamo in tribunale, in udienza, al bar, nei corridoi, chiacchierando in ascensore, non insceniamo forse l'assurda rappresentazione di noi stessi?", "Questo è un Palazzo di Giustizia", "Ecco, dovremmo essere tutti giustiziati", "Si sente bene?", "Ipsum est", "Va bene, guardi, lasciamo stare, arrivederci", "Ipsum est".

Non ricordava se c'erano state altre repliche, ma di sicuro mantenne il suo proposito di non farsi patrocinatore. I patrocinatori. Poveri praticanti che smaniavano di cominciare a lavorare con piccole cause passategli dai loro *domini* o recuperate in proprio, che finivano a fare atto di presenza in udienza come prima senza ricavarne un soldo bucato. Cominciavano così a rendersi conto di ciò che li aspettava. I manuali su cui avevano studiato si rivelavano inutili, le cause erano più una questione di fiuto e *savoir faire* che di cognizioni giuridiche e la professione legale un coacervo degli indistinti dove le attitudini mondane si mischiavano alla conoscenza delle prassi che governavano l'attività forense. Bisognava saper perdere e saper monetizzare. E bisognava essere ottimi attori. Erano tutte qualità a lui ignote. Si era fatto praticante e si era eroso, ora avrebbe potuto sigillare l'erosione con un titolo che

non portava da nessuna parte, il che poteva anche andar bene, se non fosse che, in definitiva, la pratica legale rappresentava per lui un esercizio solitario verso la deriva. Quando l'oblio gli avesse presentato il conto, avrebbe capito di essere fuori tempo massimo e si sarebbe cercato qualcos'altro. L'oblio aveva i suoi momenti di attivismo, e dopo che lo si era frequentato in certi contesti, si imponeva un cambiamento fino a nuovo ordine.

Era passato un anno dall'inizio della pratica ed era passata l'estate. Si era visto caracollare in tribunale, firmarsi le udienze da solo, andare a studio da Cincinnato e bilanciare il Maelstrom con lo Jonio. Ce n'era abbastanza per lasciarsi andare per sempre, mollare tutto e rendersi inesistente in qualche sperduta provincia russa, farsi monaco o attaccarsi alla canna del gas.

Scelse la deriva. Lo fece così, senza pensarci.

XXXIII

Autunno

Fumando si abbottonò la camicia davanti alla finestra. Aveva la sensazione di dover riprendere fiato come da uno sforzo senza nome prolungato e logorante. Dell'estate gli rimanevano ricordi di radura, passeggiate per viali vuoti, sere vuote e risvegli appannati in cui gli sembrava di essere sotto anestesia.

Arrivò l'autunno e il cielo barocco si insinuò tra le vie costeggiate di palazzi muti come roccaforti abbandonate. I mesi, come sassi sepolti sotto le foglie, ruzzolarono via sulle scale di cotone di giorni fluidi, sfumati, nel mulinello della polvere colorata. Passò. Passò.

Guardava di sottecchi il mattino bluastro senza cornici. Insopportabile come una foto in bianco e nero venuta bene di troppo tempo fa.

La sera si dannava con 'surrogati d'azione', tra cui uno rubato ai fratelli Carracci: imbrattare dozzine di disegni con pentolame vario e fresco d'uso.

Da tempo non si occupava di 'cause atomiche', ma le telefonate continuavano.

"Eh, caro Chopin, dopo quel vostro notturno, non so come abbiate potuto sopportare una qualunque presenza umana…"

Svogliato come un melograno spaccato, si risolveva infine, dopo molte incertezze, ad affrontare il PDG. Desertava spesso. Se ne stava a casa a leggere tutto Nietzsche.

C'erano, in quel periodo, molte cause per negata assistenza obbligatoria. Un ossimoro. Già il concetto di assistenza lo disturbava, ma che la si dicesse poi obbligatoria era insopportabile: l'ente previdenziale avrebbe dovuto vuotare le casse di propria volontà: i cosiddetti aventi diritto erano già stati obbligati a subire l'invalidità, ora li si obbligava a dimostrarlo per fruire alla fine di prestazioni obbligatorie! Alcuni di questi sventurati erano solo dei vecchi che volevano non essere abbracciati troppo forte dalla morte. Invece gli si impugnava il carcinoma, la sedia a rotelle e la colpa di essersi consumati a lavorare sotto la pioggia. Molti crepavano prima che il loro diritto fosse accertato.

Cincinnato cominciò a portarsi dietro una boccetta di profumo per i momenti difficili in cui, diceva, si era costretti ad avere a che fare con l'aria saturata dagli umori dei troppi che avevano rinunciato alla vocazione da giocatori di carte nei pomeriggi infiniti dei paesi arabi dell'entroterra per affollare le cancellerie di atti rimestati alla bell' e meglio.

"Eppure io non sento nulla…"

"Bisogna passare mille e più di mille volte accanto a questi muri, per accorgersi che trasudano fiumi di passione imbecille."

Dopo l'udienza, allo stesso modo, prese lo scotch e se ne andò nel *Joy Division*, non troppo disturbato dai propri passi nel tribunale deserto delle due di pomeriggio, anche perché fuori grandinava.

Era ora di annotare con la dovuta calma le ultime riflessioni sulle piastrelle.

"Il vantaggio della professione legale consiste in ciò, che le aule del tribunale, le attese, le cancellerie, la mucillagine di carte, possono essere riguardati come fenomeni estetici. Se dalla visione dell'assurdo dimenarsi umano, si espunge appunto l'umanità (cioè la volgarità), per vedere davanti a se null'altro che figure in dissolvenza, per ascoltare null'altro che articolazioni fonatorie, allora si comprende, per contrasto, quanto 'diritto' sia una parola demente che si è voluta riempire di significato per rendersi sensato ed ordinato l'uomo stesso, per sensare l'insensatezza umana con norme ragionate. Ma insensato il nome, deve esserlo anche il suo contenuto e il fine di quel contenuto: simulacro del vivere civile, il diritto è solo il tentativo di cucire una veste dignitosa sopra un corpo altrimenti destinato alla vergogna e all'incomprensione di se stesso. Di qui la necessità estetica di recarsi in sogno al PDG, reso luogo dove le parole non sono parole e i corpi non sono corpi, ma involucri che nascondono il continuo mancarsi di un'umanità che è solo un vento stanco e sospeso.

Francisco Franco.".

Certe udienze, del resto, erano divine. Come quelle con Don Platone, un avvocato incartapecorito con gli occhiali da sole anche di notte, che si ostinava a boccheggiare tra i corridoi e le aule del PDG, come nel suo studio, per evitare di restarsene a casa con una gran voglia di spararsi in testa. Una mattina tirò in ballo il pecorismo del '22, a proposito dell'indolenza tipica degli amministratori di condominio. L'altro avvocato, di contro, non fu

da meno e sfoderò per l'occasione il suo miglior *grammelot*. Ad un certo punto Don Platone si trovava a corto di argomenti e la buttò sul solito Breznev. L'altro che, neanche a dirlo, Breznev non lo voleva neanche sentir nominare, montò su tutte le furie e cominciò a biascicare qualcosa su Agrippa, che il giudice, tenendo conto anche dell'insofferenza palese dei presenti, dovette censurare perché le cose non precipitassero. Dopo aver chiamato a se gli avvocati – non si seppe mai cosa disse loro – chiuse bruscamente l'udienza e dopo averli ringraziati con una certa pompa, dispose il rinvio dell'udienza di discussione a Natale. Applausi a scena aperta.

Nei momenti migliori, il dramma barocco del PDG, anche ad uso e consumo dei praticanti imperterriti, offriva il suo doppio sipario a partire dall'ultima rampa prima del Piano Terra. C'era un *ouverture* di calvizie, gessati su corpi improbabili, vecchiume, poliziotti obesi, debosciati e risatelle di gente senza neanche un tocco di magna grecia nelle vene, cresciuti nei termitai rocciosi della provincia, heideggerriani e senza mondo. Più in là l'altro sipario, quello che apriva sul bar, il cortile e la verità dei giornali lasciati sui tavolini per simulare una fretta che nessuno aveva. Di secentesco poco, tranne il coacervo di gente distinta coi nomi strani.

E se nel PDG c'era aria di Stravinskij, non era improbabile che qualcuno chiudesse il verbale annotando: "E i vecchi videro la fanciulla danzare fino alla morte."

E poi c'erano corsi per tutti i gusti. Dalle lingue straniere al diritto di famiglia alla tutela di parchi e riserve. Volle approfittarne per dedicarsi ad un esercizio di stile. Si iscrisse al primo corso che gli capitò sott'occhio, per frequentarlo assiduamente al solo scopo di vedere fino a che punto riusciva a stordirsi con l'ausilio della lallazione dei docenti. L'esercizio consisteva infatti nello sforzarsi di non ascoltare nulla eccetto un rumore confuso emesso dalle bocche insignificanti.

Se ne stava quindi vuoto vuoto sulla sedia con gli occhi semichiusi. Nel ronzio.

Si fece un paio di settimane di corso e quando sentì di avere il cervello tutto otturato smise e se ne tirò fuori, tutto sommato non troppo soddisfatto.

Purtroppo quando cominciò a non presentarsi e quindi a non firmare il registro delle presenze, qualcuno lo chiamò a casa.

"Ah siete voi...uff..."

Clic.

E divine erano certe vecchie poltrone del Quarto Piano, che stavano in una specie di sala d'attesa, che all'occorrenza fungeva da camera-salasso per gli avvocati.

Quando gli capitava di passarci vicino – non ci andava mai apposta – sbirciava per vedere se non ci fosse qualcuno nella sala, e se era vuota, il che succedeva di rado, entrava e si metteva dritto dritto al bordo di una poltrona, immobile e più teso che poteva, stringendo forte i pugni e gli occhi come se stesse per scoppiare. Quando arrivava al limite si lasciava andare pesantemente all'indietro sui cuscini, con le braccia slegate e le gambe morte.

Con gli occhi chiusi, restava in quello stato comatoso finché non avvertiva quella che chiamava 'la stanchezza del nulla'. Allora si alzava lento lento e appoggiandosi al muro usciva dalla sala.

Solo una volta un avvocato tutto rosso gli chiese:

"Ma cosa fa qui tutto questo tempo?"

"Muoio."

Quella sera, a casa, si stropicciò gli occhi davanti all'armadio e ci si chiuse dentro.

Con un cronometro prese il tempo per vedere quanto resisteva in apnea. Si sforzò più che poté, fino a sentirsi esplodere. Quando non ne poté più cascò fuori dalle ante come un naufrago.

Se ne stette faccia a terra anche dopo aver ripreso fiato. Passò del tempo, parecchio tempo, prima che si decidesse a rialzarsi.

Brancolò per casa per un po'. Alla fine se ne andò a letto tutto vestito lasciandosi andare a vagheggiamenti come quello di essere nella testa di Wittgenstein cinquantenne.

"Eh tesoro…che giornata…sapessi…"

XXXIV

Il merlo parlante

C'era una causa civile per il solito muro di confine. Per l'attore era presente l'avvocato Vito Giallo, un tentetnikov che, nelle ore libere, aveva trovato di che uggiarsi prestando la propria opera come volontario presso un club per golfisti nani, cui faceva ombra con la sua persona al momento del tiro – era espressamente previsto che lo facesse con le mani dietro la schiena e lo sguardo ieratico rivolto all'orizzonte, all'oltremare. Vito Giallo fece l'esame da avvocato solo perché c'era l'esame da avvocato. A difendere il convenuto c'era l'avvocato Pirandello, noto perché usciva dalle aule a fine udienza sempre in compagnia della figlia e sempre schernito da tutti per certe sue recriminazioni eticheggianti in corso di causa. Il giudice, vecchissimo, era un warholiano, molto amico, ai tempi, di Joe Dalessandro e soci, e che aveva conservato un certo *lassair faire* da Factory anche nei confronti del suo mestiere.

Le parti in causa, gente dei campi, si contendevano un fazzoletto di terra dove l'attore voleva innalzare il suo muro e il convenuto si opponeva perché a farne le spese sarebbe stato il suo albero di ciliegie.

"Giudice, disse Vito Giallo, si tratta appena di un metro di muro, non vorremo mica perdere tempo per un ciliegio!"

"Quell'albero è importante per il mio assistito e sua moglie, contestò Pirandello, perché lo considerano una persona di famiglia, ultimo baluardo di centenari campi di fave che…"

"Collega la prego!"

"Un momento, li interruppe il giudice warholiano, Avvocato Pirandello, oltre ai campi di fave c'è qualche altra ragione per cui il suo cliente si oppone al taglio dell'albero?"

"Certo giudice. C'è una ragione capitale. Un merlo parlante, che sosta per ore sul ciliegio a ripetere 'la voce dei cantanti non può aspettare', cui il mio cliente e la moglie sono affezionatissimi e che, se il ciliegio venisse tagliato, non sentirebbero più, perché chissà dove se ne andrebbe il merlo: ricorda loro Carlo Buti e la gioventù."

"Dispongo un'ispezione sul luogo e sentiremo questo merlo."

L'avvocato Pirandello aveva avuto per ora la meglio e uscendo dall'aula con la figlia ammutolì gli schernitori simulando un brindisi dedicato:

"*Unserer kundleute!*"

Il giorno dell'ispezione sul luogo il giudice warholiano, Vito Giallo e Pirandello se ne stettero all'ombra del ciliegio, di cui intanto Pirandello declamava la discendenza, aspettando il merlo.

E venne il merlo.

E disse "la voce dei cantanti non può aspettare".

Marito e moglie si commossero e il giudice warholiano, che non amava né odiava l'umanità, pensò che in fondo, quei due vecchi stavano già con un piede nella fossa come lui, perciò ben si poteva accordare loro qualche momento di sollievo prima della fine. Il merlo era il tramite tra una vita passata a zappare la terra e l'ineluttabile. Un merlo, un piccolo merlo nero che ripeteva "la voce dei cantanti non può aspettare". Ciò rendeva la vita e la morte uno spettacolo per merli. Se ne andò, il giudice warholiano, a fare queste riflessioni tra le fave e quando tornò comunicò ai presenti la sua decisione.

"Visto che manca poco, si può ben aspettare. Che merlo e ciliegio restino dove sono".

Pochi giorni dopo, il giudice warholiano fu colto da un malore e capì che se ne sarebbe andato di lì a breve. Espresse il suo ultimo desiderio chiedendo che gli venisse portato il merlo parlante.

I due contadini glielo portarono e il giudice warholiano lo guardò qualche istante prima di pronunciare le sue ultime parole: "L'ora è giunta. La vita è piccola. La morte è grande. Perché della morte non sappiamo nulla. Tu, merlo, hai visto la vita di quest'uomo e di questa donna. E il pensiero non ti serve per la morte, perché è impensabile. Perciò, in quanto merlo, sei fortunato. Più di noi, che invece vogliamo capire tutto. Ora dimmi la tua, che me ne vado."

E il merlo, puntuale:

"La voce dei cantanti non può aspettare".

XXXV

L'eclissi di Boscuccello

Telefonò a Dvoràk.

"Signor Dvoràk, stanotte mi sono fatto saltare i timpani con alcuni suoi *furiant* del tutto mancanti di urbanità."

Il mattino piangeva come un fratello minore che non riceve soccorso dal maggiore fuggendolo, mentre questo lo rincorre sporcandosi di sorrisi.

Si ricordò di ottobre e delle ultime foglie sul selciato. Del maglione messo in fretta molti anni prima nel pomeriggio tremante.

La città fischiava e i lampioni rimpiangevano la notte. Le case avevano cappelli di nuvole.

Prese due caffè di fila e uscito dal bagno uscì di casa senza concepire lo stacco tra i due ambienti. L'orchestrina tuttanotte aveva lasciato per strada tovagliolini impiastrati di frittura e salsa a tempera e da qualche parte si aveva ancora l'impressione di sentir risuonare i cembali idioti e le voci corrusche dei suonatori che intercettavano le espressioni disarticolate di bestioni biblici votati al Santo Patrono, ustionati dal freddo, con le scarpe grosse e i volti rabberciati.

Ed era impossibile affrontare, pur camminando improbabile con la testa vacante, l'orizzonte collinare sotto l'antenna ferrigna e le palpebre delle nuvole o tra le pozzanghere che affogavano i sassolini sbucati dalle erbacce della strada spaccata.

In quei giorni ebraici, con sempre meno voglia di alzarsi per andare al PDG, guardava i fogli su cui abbozzava versi in latino sparsi per terra e i dischi di Haydn abbandonati come fogli di carta per strada. Spesso finiva per rimanere a letto troppo a lungo e doveva correre per arrivare in tempo, anche se il fatto di sbrigarsi per andare al PDG lo disgustava.

A chi andava la sua fretta? Andare al PDG era sempre stato andare da nessuna parte. Eppure, negli ultimi tempi, lo assaliva un'ansia di esserci, di andare da qualche parte. La interpretò come una compensazione: l'oblio, non dipendendo dai luoghi, ma sicuramente condizionato dai flussi, era strozzato dalla soggettività

126

quando questa prendeva il sopravvento, sicché si avvertiva quel bisogno urgente e idiota di luoghi.

Ma non era solo per questo. Era una specie di rituale autodistruttivo. Si trascinava, si violentava, si spingeva, si disintegrava tutte le volte che riusciva a mettere insieme un po' di sangue per alzarsi e andare al PDG. Sognava di diventare acqua e disperdersi per sempre. Quella forzatura mattutina lo aiutava a sentirsi smembrato e inconsistente. Man mano che i giorni passavano, dimenticò quel tocco di boria nichilistica che lo aveva portato a iscriversi nel RPA. Ora c'era solo un andare, a mala pena giustificato dalla necessità di prendere le firme. Anzi, le udienze erano una specie di tortura aggiunta in attesa del disfacimento. Andare al PDG o camminare fino alla morte era la stessa cosa.

Anche la Catodica languiva. Cominciava a risentire dei suoi eccessi. A forza di agglutinarsi su se stessa aveva finito per essere surclassata dal gusto ipertrofico per il 'chiunque' e per il 'qualsiasi cosa'. Si sarebbe senz'altro sopravvissuta, ma, almeno nel PDG, aveva perso colpi. Le inchieste avevano portato a qualche rinvio a giudizio e la passerella di coscione e obesi col sigaro al PDG era finita.

Anche molte massaie tornavano ai fornelli e a partorire altri poveracci. Il mondo patinato che avevano sognato scompariva dai loro occhi per trasferire il suo circo altrove. La Catodica avrebbe continuato ad alimentare se stessa, perché era fatta della stessa sostanza del mondo e il mondo era delle coscione e degli obesi col sigaro. I diamanti impazziti non esistevano più. Forse non erano mai esistiti.

Boscuccello, ultimamente, se ne stava spesso in compagnia dei *check-inners*. Nel loro semianalfabetismo, li considerava apostoli felici di un'esistenza senza pretese e senza domande. Avevano tirato a campare. Provenivano in gran parte da deserti di pietra e zolle di terra squartate dal sole. Non avevano granché da fare, stavano lì, assunti per forza. Ogni tanto ridevano. Boscuccello andava a trovarli quando era stufo della splendida miseria delle stanze dove si inebetiva ormai a comando. Si contentava di scambiare con loro qualche battuta, in genere le prime cose che gli venivano in mente:

"Ve la ricordate Rita Hayworth?"

"Ah si…eh si…"

Poi restavano in silenzio a lungo finché Boscuccello, dopo aver scrutato il cielo dalla finestra per un po', salutava e andava via. Se stava per piovere diceva sempre:

"Fa bene, avremo un buon raccolto."

"Ah si…eh si…"

Risaliva le scale che lo portavano al Quinto Piano, e quasi rimpiangeva quella stagione di passerelle e pensiero debole ormai prossima alla conclusione. In fondo la Catodica lo aveva tenuto occupato e gli aveva impedito di badare al suo volto ferito dai temperini del troppo tempo andato.

Ora se ne andava tra certe costruzioni avanzi della guerra che minacciavano di franare tra le voci dei bar. Villeggiava tra l'acqua sporca che sonnecchiava tra le pozze di periferia e sul fondo delle bottiglie di plastica abbandonate sull'asfalto.

E pensare che lo avevano accusato di utilizzare le inchieste giudiziarie per mettersi in mostra, quando lui le aveva sempre considerate solo un modo per eclissarsi, mentre inquisiva i resti di una civiltà. In attesa anche lui del Maelstrom che avrebbe sommerso tutti gli uffici, con le voci sgranate e fameliche di un carnevale lontano, che unitesi ad altre voci di altri carnevali lontani, si sarebbero vaporizzate in quel giorno bianco. E il tribunale non sarebbe stato più il tribunale. Ogni contraddittorio sarebbe stato allora concepito come puramente immaginario, ogni zelo avrebbe rivelato la sua origine da una prassi immobile. E la Catodica avrebbe lasciato il posto ad una realtà dileguata, cui se ne sarebbe sostituita un'altra in cui tutto accadeva davvero ma senza esito, come in circolo. Ogni cosa sarebbe accaduta su se stessa, come una nave giunta a riva che tornava indietro per sommergersi. O forse sarebbe arrivato soltanto il nulla con la faccia unta da vecchio attore che spunta dal fondo di una valle con il tramonto alle spalle.

Finora, Boscuccello non era stato che un personaggio della commedia catodica, un lampo nel circo. Si era tenuto occupato, mentre si eclissava aspettando l'eclissi.

Un giorno si incamminò lungo una strada come in attesa di essere deportato. Non pensò più alla magistratura. C'era una collinetta di zingari più avanti, tutta uguale sotto il sole.

Non sapendo che altro fare, continuò a camminare. Millenario e senza viole.

Giunse su una stradina schiaffeggiata dal vento. E rimase in piedi in mezzo alla stradina.

128

Stava per piovere. Andò a sedersi sotto la tettoia di un bar, con la tenda di perline all'ingresso, che ondeggiava tra le sedie bianche di plastica.

L'inverno si mangiava le case e le strade. Nella luce acida di quel giorno senza PDG si disse che, se fossero venuti altri secoli, sarebbero stati secoli di elenchi. La realtà sarebbe stata numerata e incasellata negli uffici di una nuova Claustrofobia. Erano riflessioni lasciate alle sirene che si sentivano in lontananza, ad uno strano odore di ruggine che ora lo fastidiava. Ma non si alzò e rimase a guardare i cartoni spinti dal vento.

Rimase lì per un tempo che gli parve infinito, prima di decidere di andarsene.

Non pensò più a nulla.

Era il momento di eclissarsi.

XXXVI

La neve

C'era una neve di Kafka insopportabile. Inaccettabile. Il nevischio che ricamava le strade sapeva di rivoluzioni fallite. La neve era così disgustosa, guarnita com'era di cenere e riflessi azzurrognoli, che fu tentato di togliersi scarpe e calze e imbrattarsi i piedi di quella neve morta. Aveva già davanti a se il quadro. Stretto nel trench di pelle nera e fumando ingordo, avrebbe saltellato su un pezzo di marciapiede come un santo folle, ridendo sguaiatamente e accasciandosi poi, esausto, sul muro vicino, con la faccia nell'edera selvaggia.

Con la neve, il fumatoio del Quinto era appannaggio di pochi irriducibili con le mani in tasca che se ne stavano mezzo nascosti con la sigaretta pendente dalle labbra e la barba gelata.

"Che fanno al Quinto?" mormorò qualcuno

"Dormono, dormono sulla collina", rispose un altro.

Quell'inverno andava per la maggiore l'avvocato Sciamannait, punto di riferimento degli *Scriminati*, per via della scriminatura al centro, che, per il manipolo di avvocati che si riconoscevano nel gruppo, simboleggiava la suddivisione del cervello nei due noti emisferi. Gli *Scriminati* concepivano, in virtù di tale suddivisione, la professione legale come governata da spiriti di talento da un lato e spiriti di memoria dall'altro. Gli spiriti di talento erano quelli del tutto disarmati teoricamente ma dotati dal punto di vista intuitivo-canoro: sapevano introdurre in causa, al momento giusto, spunti di sconcertante ma rassicurante banalità nazionalpopolare, tratti da certa ridda canzonettara (e per questo li chiamavano *I cantanti*), e che facevano spesso presa sull'animo dei giudici, perlopiù anche loro cresciuti davanti al caminetto con la radio. Gli spiriti di memoria, invece, non avevano alcun talento e la loro unica abilità consisteva nell'imparare a memoria codici e commentari di cui ignoravano chiaramente il senso e che quindi citavano a sproposito. Non venivano radiati dall'Ordine perché, per la legge dei grandi numeri, una volta o l'altra ci prendevano.

Gli *Scriminati* odiavano entrambi. Rimproverano loro la mancanza di forma, di *regula*. Gli spiriti di talento, dediti alle virtù

dell'emisfero destro, rimanevano troppo faciloni e plebei, dei contastorie con la toga; mentre gli spiriti di memoria, erano figli illegittimi dell'emisfero sinistro, che spogliavano di ogni complessità e facoltà di analisi, facendo dei codici un rosario da snocciolare autisticamente alla maniera delle vecchie in cappella. Gli *Scriminati* non riuscivano a concepire tanto scempio di pandette e il loro atteggiamento tradiva il loro rancore. Erano devoti ad una fin troppo scoperta iconografia di inizio secolo, ostentando sempre un fare austero e un dire sentenzioso. Uno dei punti su cui gli *Scriminati* battevano di più era quello che occorreva fare ricorso a tutti gli strumenti consentiti dalla legge per arginare il fenomeno di una recente immigrazione clandestina all'interno del PDG: non se ne poteva più di questi avvocati che venivano dal circolo polare artico a sconvolgere il regolare andamento della vita tribunalizia con i loro racconti nostalgici di tonnare canadesi a bordo delle quali, durante la lunga notte polare, non mancava mai qualche Ismaele che tirasse in ballo una storia di avvocati finiti nel ventre della balena.

Preso dal desiderio di conoscere il capo di tanta congrega, contravvenne all'obbligo di firma falsa e una mattina chiese a Sciamannait di firmargli il libretto:

"Avvocato, mi firmerebbe il libretto?"

"Udienza civile o penale?"

"Civile."

"Perché?"

"C'era disponibile solo quella."

"Non credo."

"Non capisco."

"Guardi bene dentro di se: c'è di sicuro un'udienza penale."

"Non mi pare."

"Ogni mattina, prima di alzarsi per venire qui, non c'è forse un pubblico accusatore ai piedi del suo letto, che le imputa di aver inutilmente aumentato di un'altra unità la già sin troppo nutrita schiera di aspiranti avvocati? E non c'è forse, accanto alla finestra, un giudice che guarda di fuori in attesa di comunicarle la sentenza uguale per tutti: 'Lo sapevate.'? E non c'è forse un avvocato che la difende ben sapendo che si tratta di una causa persa? E lei non ha a quel punto come sola speranza che ciò che si deve fare si faccia presto?"

"A dire il vero non mi sono mai accorto di nulla del genere, ma forse mi processano mentre dormo."

"Può darsi: non a tutti è dato vedere."

"Ma cos'è che si deve fare presto?"

"Lei deve rendere conto alla sua coscienza."

"Cioè?"

"Lei vuol fare l'avvocato?"

"Non lo so."

"Ecco, vede? Lei è qui senza motivo. Se ha dei dubbi non dovrebbe frequentare un posto come il PDG."

"Mi sono iscritto al RPA così, senza pensarci."

"Male. Lei è un impostore."

"È vero. Ma ognuno sceglie il proprio oblio."

"E con esso la propria sventura."

"Se fossimo tutti nell'oblio non ci sarebbe più bisogno né di leggi né di PDG."

"Ma quello che lei prefigura è un mondo assurdo, in preda al vago e all'insensatezza."

"Non mi sembra sia diverso ora."

"Lei è un anarchico. Farebbe bene a riflettere oculatamente sul suo futuro."

"Ho smesso di riflettere molto tempo fa."

"Lei è nei guai. Si sta fabbricando un avvenire impossibile."

"Non lo so."

"Non lo sa."

"Non lo so."

"Mi spiace per lei."

"A me no."

"Non so immaginare come lei possa ottemperare un giorno ai doveri che la professione legale impone."

"Non lo so."

"Non lo sa."

"Non lo so."

"Ma è possibile che nulla la scalfisca?"

"Gliel' ho detto. Io sono nell'oblio. "

"Lei parla in modo strano."

"Non più strano del modo in cui si parla qui. Ammesso che si parli."

"Lei è nel posto sbagliato, mi dia ascolto."

"Un posto, un altro. È lo stesso dappertutto."

"Lei è senza speranza."

"Ne terrò da conto. Ora se volesse firmarmi il libretto le sarei grato. Solo che ho dimenticato di mettere il nome del giudice e non ricordo più chi fosse…"

"Non si preoccupi. Scriva pure Papa Pacelli, è lo stesso."

Gli *Scriminati* erano solo l'ultima frangia di dissidenti che aveva fatto capolino nel PDG. Il loro non sarebbe stato altro che l'ennesimo tentativo di cambiare tutto. Ma non si poteva. La Catodica era ancora troppo forte. Solo riforme come la *Penale 1872* potevano attecchire nel PDG, perché sublimavano esteticamente il dato fattuale di un'appariscenza codificata e fine a se stessa, come quella propugnata dalla Catodica. Tutto era rappresentazione, Boscuccello lo aveva capito e così aveva messo mano ad una riforma che rappresentasse l'assurdo, facendo così cadere surrettiziamente la rappresentazione stessa.

Era stata data rilevanza, con quella riforma, ad uno stato di fatto. L'assurdo era nelle scale, nelle aule, negli atri, nelle cancellerie, nel bar. E non si trattava della deviazione da certi schemi deontologici o processuali di cui si sanciva l'obbligatorietà. Era il microcosmo stesso del PDG che lo faceva affiorare. Dietro la maschera della libera professione, con i suoi orpelli, la sua boria e i suoi meccanismi, si celava, appena dissimulata, la realtà umana più lampante. Che ballava col mondo ridendo a vanvera invece di demolirsi e dimenticarsi.

Gli *Scriminati* invece non potevano concludere granché. Erano l'ultima succursale di quella minoranza grintosa che voleva cambiare le cose e darsi un tono. Ma non c'era nulla da cambiare. Ogni tentativo di rimettere in sesto la macchina giuridico-legale era destinato al fallimento. Tutto era nulla e poteva solo essere sublimato in una sorta di follia estetica, nei casi migliori, in un'orgia prosaica della vanità nei peggiori. Da sempre al tribunale veniva passato, dalla cd. società, il testimone dell'insensatezza della vita. I recenti casi catodici lo avevano dimostrato a sufficienza. Semplicemente ora si era arrivati al capolinea. E l'oblio che in altre circostanze poteva essere una possibilità tra le altre ora diveniva l'unica alternativa per gli spiriti inorganici e nati purtroppo.

C'era la neve.

La neve era il PDG e il PDG era la neve.

Nella morsa del freddo, si diede ad uno dei 'surrogati d'azione' preferiti, il lancio di libri dal finestrino.

133

Se ne portò alcuni in macchina e li sistemò in uno scatolo di cartone sul sedile del passeggero.

Si diresse verso un rettifilo poco trafficato che aveva scoperto durante certe corse notturne in auto. Prese dallo scatolo di cartone i libri uno per volta e cominciò a gettarli violentemente dal finestrino, osservandoli con attenzione dallo specchietto retrovisore mentre ruzzolavano sull'asfalto con un rumore di foglie d'autunno schiacciate, mentre gridava a squarciagola il titolo del libro. Ne buttò via una buona cinquantina prima di fare inversione e tornare indietro cercando di investirne quanti più ne poteva. Quand'ebbe ripercorso l'intero rettifilo si voltò a guardare dietro di sé i libri morti squartati nella neve.

Accese l'autoradio e fece partire la *Toccata e fuga in Re Minore* di Bach, al massimo volume, per vialoni deserti e costeggiando parchi dai cancelli aperti, vuotissimi, con la rugiada che patinava l'asfalto, con gli alberi in preghiera e le lacrime che, pur non invocate, scendevano, scendevano in continuazione, tanto che quasi non ci vedeva più, e per non asciugarsele scosse la testa e le vide schizzare sul parabrezza, mentre l'organo incalzava senza pietà, così accelerò e accelerò, passò col rosso e non morì.

Arrivato a casa, chiuse il cancello sforzandosi di fare meno rumore possibile. Entrò fingendosi un ladro. La cosa più difficile era riuscire a mettersi a letto in silenzio, senza sventolii di lenzuola. Senza un fiato. Così prese a fare gesti lentissimi e accorti per spogliarsi. Si denudò completamente e si mise in ginocchio davanti al letto. Cominciò a suonare il clavicembalo con grande trasporto, con gli occhi ancora umidi e lanciando di tanto in tanto uno sguardo alle dita che si perdevano sulla coperta.

Il tempo se n'era andato chissà dove e per non correre rischi abbassò le tapparelle con molta cura perché non filtrassero i raggi del giorno guastafeste. Fece il tutto sempre suonando – tamburellò sulle tapparelle, sul muro, suonò l'aria.

Quando si sentì stremato strinse gli occhi – era ancora in ginocchio – ripetendosi sottovoce fino a crollare definitivamente:

"sto dormendo sto dormendo sto dormendo sto dormendo sto dormendo sto dormendo sto dormendo sto dormendo sto dormendo sto dormendo sto dormendo sto dormendo sto dormendo sto dormendo sto dormendo sto dormendo sto dormendo sto dormendo sto dormendo sto

dormendo sto dormendo sto dormendo sto dormendo sto dormendo sto dormendo sto dormendo sto dormendo".

XXXVII

Fine

Elucubrando distrattamente sulla presunta mancanza di mecenati nella vita di Albinoni, entrò nel PDG e scorse dietro i plessi del Piano Terra, nel cortile dei piccioni e dei fumatori, i soliti praticanti alle prese. Così guadagnò un lato del cortile meno frequentato e si mise a sputare di traverso sui vetri. Triste più che a Natale, quando arrivò al Terzo Piano, non si ricordò più a quale udienza doveva presenziare e non vedeva il *dominus* da nessuna parte. Allora se ne andò farfugliando per il Quarto Piano di amori che non aveva nessuna voglia di vivere, così, tanto per verbigerare. "Gli amori...queste coppe fredde...".

Era l'ennesima mattinata a perdere. Non trovò di meglio da fare che andare a rovistare tra i libri scontati dell'edicola, mentre dal bar arrivavano le voci degli avvocati e i praticanti sembravano desiderare a momenti un'arpia che se li portasse dietro il mondo impiccati com'erano da cravatte ridicolmente costose.

La neve gli aveva portato un desiderio di vita interstellare.

In ascensore appuntò:

Anima motrix. Kepler.

Era in procinto di iniziare il suo ultimo semestre di pratica, ma perdeva molte udienze. Andava al PDG e si dimenticava dove doveva andare. Vagava smarrito tra il *Joy Division* e gli atri dimenticati dal sole.

"Finiranno per togliermi il libretto", si disse, pensando che con tutte le udienze che perdeva, prima o poi gli avrebbero notificato l'interruzione di pratica, anche se non lo turbava tanto questo quanto ricevere una telefonata dal Consiglio dell'Ordine degli Avvocati, con la voce dell'impiegata inevitabilmente afona, stonatissima, decenni a dire sempre le stesse cose – avrebbero dovuto, le impiegate, intentare una causa per provocato autismo – il che gli avrebbe causato sgradevolissimi attacchi di colite spastica. Tentò un'immotivata euforia mentre usciva dal PDG e i *check-inners* come sempre erano alla sbarra.

"Tempo ballerino eh?"

"Ah sì...eh sì..."

Intanto uno di loro, calvo e con le mani paffute sullo stomaco osceno, canticchiava Sinatra parecchio a modo suo, un altro premeva più del dovuto i grossi bottoni che attivavano il *check-in*, un altro, con il labbro inferiore congenitamente sporgente, guardava di fuori e faceva cenno di sì ai suoi vecchi ricordi e ai suoi comerabelloallora.

Gli fecero capire che la risposta a tutto era l'ottusità.

La neve si stava sciogliendo e un'altra primavera era all'orizzonte.

Non sapeva bene se continuare o no. Il PDG gli aveva offerto quello che poteva offrirgli. La Catodica aveva fatto la sua entrata in scena e aveva fatto rumore. Un rumore di stoviglie e di cucine in trambusto. Ma il tempo dello strepito al PDG era passato e con esso anche il clamore suscitato da quell'andirivieni di faccendieri e bellone nel mondo svogliato della provincia.

Restava solo la possibilità di portare a compimento la pratica e dare l'esame da avvocato. Cose che non erano state alla base della sua decisione di frequentare il PDG. C'era andato per sfinirsi, per capitolare all'ingresso della seconda metà della sua vita.

Non c'era nulla da salvare in quella precedente e questa era gravata perlopiù dal peso dell'ingresso nella cosiddetta società.

Tutta la vita sui libri. Che avrebbe fatto di sé? Un avvocato?

Sarebbe andato a studio tutti i pomeriggi e in tribunale tutte le mattine? Si sarebbe procacciato dei clienti, delle cause, si sarebbe piegato alle regole pratiche della professione, con i suoi giochi di convenienza, con le sue dinamiche non ortodosse e la necessità di sgomitare per farsi posto in quella repubblica di spiriti liberi?

Niente di tutto ciò aveva a che fare con lui. La pratica era stata una specie di esercizio di stile, un modo diverso di darsi una dimenticanza, veleggiando tra uomini di mondo e teatranti mancati. C'erano spiriti nobili. Ma lui non era né un uomo di mondo né uno spirito nobile.

Come ora capiva, lui non era mai stato niente. Esistenzialmente era sempre stato inconsistente, socialmente un fantasma.

Era un figlio del vuoto, dell'assurdo e dell'oblio.

La sua vita non esisteva. Non era mai esistita. Mentre il mondo intorno a lui girava e intratteneva rapporti e si fabbricava l'avvenire o semplicemente viveva, lui no. Lui era rimasto fermo. E

non avendo passato, non sapeva che farsene del futuro. Nel suo presente c'era un vuoto immane, gonfio di niente.

La propensione per l'erudizione era un modo, l'ennesimo, per dimenticarsi, per lasciare se stesso in balia di una dimensione che non era quella del vivere.

Era andato al PDG, ma avrebbe potuto anche recarsi in una macelleria. Viveva nell'invarianza e il suo destino gli appariva una deriva organizzata, governata dal nulla.

Quel mondo disordinato, di cui si era spesso prefigurato la fine, che vedeva gorgheggiare intorno al Maelstrom, lo aveva gettato in un'altra solitudine, quella del consorzio sociale, di cui non coglieva fino in fondo né i meccanismi né i fini. Era una monade a spasso ed era tardi per diventare un animale sociale. Vagheggiava l'ecatombe non per vedere finire quel mondo insulso, ma per immaginarne un altro in cui non trovassero posto né quelli che non capiva, né quelli come lui, nati nel tragico e impossibili da redimere.

Non era lui a volere l'oblio, unica sua possibile dimensione, ma il contrario.

E la neve continuava a sciogliersi.

Telefonò a Schubert:

"Ti si paralizzò la mano a forza di martoriarla al pianoforte. Come hai potuto farmi questo…Ti odio. "

Nonostante si sentisse vuoto, non riusciva ad espellere se stesso dalla godibilità del vuoto.

Così lo assaliva una tristezza senza soggetto e senza oggetto. Si voltolava ormai nel PDG figurandosi processioni di suore bianche: "Oh Ipazia…"

Ad ogni rampa di scale – s'era fatto più rado l'uso dell'ascensore dietro i plessi del Piano Terra – faceva un giro su se stesso, gli piaceva che la giacca sventolasse tutt'intorno, lo rasserenava.

Gli piaceva restare assonnato, fluttuare nel PDG senza incontrare nessuno, senza salutare nessuno. Provava pena per la fossa comune della socialità e per se stesso nella fossa comune della socialità. Poteva optare per una condotta eraclitea, ma non erano tanto gli uomini, quanto l'umanità a disturbarlo, zeppa di felicità molta d'accatto.

E nel *Joy Division* appuntò: "La vita è sempre stupida perché non comprende se stessa né può comprendersi. Non si comprendono perciò i momenti umanitroppoumani passati a

provare stupidi rancori nei confronti della stupida vita che non ha fatto che non ha detto eccetera eccetera."

Nella prospettiva pirroniana del 'non comprendo', che gli pareva l'unica possibile nei confronti del dogmatismo stoico dei facitori continui di cause, tutta la fretta della *machina mundi* tribunalizia era diventata il frutto della paresi a sorridere, della prassi segretariale che fascicolava il diritto fatto e strafatto, dei tacchi che sventravano i pavimenti nudi di cui invidiava l'impossibile nascita essendo nati dalle pietre. Persino Don Platone spesso e volentieri si disimpegnava ormai dalle pastoie dell'udienza, non era in vena, non ne voleva sapere di parlare a vanvera: "Massì massì te la do vinta, che m'importa!".

Arrivò a mettersi l'ovatta nelle orecchie, chiamato non rispondeva. Ad occhi semichiusi galleggiava, sfiorando appena i gradini, piani e piani di scale scivolate.

A casa, col cervello tappato si stendeva sul letto come un fantasma di carne e si lasciava andare ad un sonno bruto, completamente sfatto, mancato, mentre le auto passavano sopra la sua testa come un'onda lontana. Quando non era troppo svogliato, si denudava prima di mettersi a letto ridacchiando forte prima di lasciarsi dormire. Un attimo prima di perdere coscienza lasciava parole nell'aria: "Monsieur Derrida, come vede sono nudo…e non me ne importa nulla…vede…sono nudo…sono nudo e non me ne importa nulla…sono nudo…"

E fece andare sempre lo stesso Chopin per giorni e giorni, deciso a vedere com'era dove Hoelderlin si era fermato troppo. Tutto ciò che ottenne fu la sua faccia soffocata nel cuscino.

Ed era inverno o forse no. Ed era primavera o forse no. E aveva fame o forse no.

Uscì di casa con un vecchio impermeabile grigio e passeggiò per l'isolato, le case cieche, i lampioni a luce fioca, le palle di cotone colorato dei fari. Nelle doline cittadine, dove cadevano a peso morto bottiglie di vetro sfumate dalla polvere e parti in plastica di vecchi giocattoli, tra le cartacce e i brandelli di copertone, gli tornarono alla mente i codici folli aperti-chiusi con accanimento di quando era ancora giovane.

Si imbatté in una vecchia cabina telefonica in servizio. Prese la cornetta e restò così, con la cornetta in mano per un bel po', vagando con lo sguardo lungo lo stradone vestito a notte, che sudava freddo tra nastri disordinati di luce elettrica.

Riattaccò.

Cominciò a camminare.

Si incantò nel mezzo di una piazza dalle pietre sfalsate, jonica.

Con le mani in tasca si guardò intorno come se stesse per partire sapendo di non tornare più. Era passata la gioventù, era passata la pratica legale era passata la vita e aveva salutato mentre lui aveva chinato il capo cantante di fronte ad un pubblico di cui non si sa che dire e la Catodica aveva rimescolato le cose del mondo e ora tutti i sentieri erano interrotti e comprese che bisognava rifiutare di concludere e diventare qualcosa o qualcuno era un inganno e che il flusso discontinuo delle cose richiedeva l'esperienza dell'assenza e della mancanza e padri madri figli case auto era tutto materiale da *Joy Division* e pena per quelle passeggiate domenicali in cui si invecchiava un poco alla volta e intanto si credeva di vivere per sempre come se la morte presente-assente non fosse già da sempre nascosta dietro un pilastro a fumare e rivide le piazze vuote di ottobre nei fortini jonici dove tutto era ammucchiato nel bianco e nella crepa e nelle sedie orfane davanti alle porte aperte e il mare si specchiava nel sole e il sole nel mare e tutto il passato gli si schiantò ai piedi in quel preciso momento che era stata la cosa morta che era stato cos'era la foglia che era adesso e la stupidaggine chiamata futuro da chi viveva la vita come un insieme di comparti ma aveva imparato sognando il Maelstrom che nulla è immune dal gioco e il gioco delle cose e delle persone ora gli apparve come unico brandello insensato di senso e i surrogati esistenziali che si era inventato erano solo il codice di un gioco per reduci da verità edipiche che avevano avuto in sorte di nascere.

Ora però non percepiva il gioco né sognava il Maelstrom. Era lui stesso il gioco e il Maelstrom. Ora lui e Boscuccello erano amici attraverso le galassie che separano gli uomini quanto più sono simili e vicini.

Boscuccello era forse a spiare il mondo dietro il mondo, lui rimase lì, sulla piazza.

I panni stesi, un azzurro smorto tra i balconi e le rupi.

Non c'era nessuno.

Non arrivò nessuno.

Si accese una sigaretta.

Lo fece così, senza pensarci.

Bianco bianco.

Finì così.

www.ingramcontent.com/pod-product-compliance
Lightning Source LLC
Chambersburg PA
CBHW070251190526
45169CB00001B/362